"茅舍槿篱溪曲"

"门外春波荡绿"

踏上回归精神故里寻古探幽的旅程，

感受乡土的温暖与润泽，

体味精神家园的馨香。

中国历史文化名城·名镇·名村丛书

中國歷史文化名村

黑龙江
街津口

中国民间文艺家协会／组织编写
总主编／潘鲁生　邱运华
本卷主编／吕品

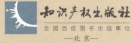

知识产权出版社
全国百佳图书出版单位
－北京－

积聚海量信息 寻觅科学路径（序一）

邱运华

　　传统村落保护是当下中国文化遗产保护工作中最重要的社会性课题之一。对于一个具有绵延五千年不间断农业文明的民族来说，传统村落能否得到妥善保护更是一个文明能否传承的关键问题。

　　传统村落保护是当代社会发展的普遍问题，不独中国社会存在，西方发达国家存在，东方发达国家也存在。从世界范围看，这是一个国家从欠发达到发达、从农业社会过渡到工业社会、从以农村为主体发展到城镇化生活方式过程中普遍存在的问题。有学者把中国农村经济结构改造、社群建设、新文化建设和整体民生改善工作这一进程，追溯到 20 世纪 50 年代。但我以为，它毕竟不是我们现在所处的整体转向工业化、城市化进程中遇到的课题。中国社会同一性质的乡村保护课题，起源还是世纪之交的 2003 年 2 月 18 日"中国民间文化遗产抢救工程"。2012 年 12 月 12 日，住房和城乡建设部、文化部、财政部联合发布《关于加强传统村落保护发展工作的指导意见》，2014 年 4 月 25 日，除上述三部外又增加了国家文物局，联合发布《关于切实加强中国传统村落保护的指导意见》，两次重申传统村落保护的联合行动。冯骥才先生在 2012 年的一篇文章里把传统村落保护提高到文明传承的高度，我认为非常正确。中国社会各界对传统乡村保护的问题，有着非常积极的呼应。

　　中国是发展中国家，但是从东部、南部和东南部区域看，具有发达国家的基本特征。农村人口从西部向东部、从村落向城镇转移，是 1990—2010 年之间最重要的社会现象，这一巨大的人口变迁集中表现为城镇人口急速膨胀、传统村落急速空心化，不少历史悠久的自然村落仅仅剩下老人和儿童。因此，传统村落的保护在中国面临的问题，与发达国家相比，具有共同性。例如，从"二战"后恢复到工业化时期，德国和日本先后进行的村落更新或改造项目，具有几个明显特征：一是以激发村落内部活力、发展农村经济作为前提，以改造农村基本生活设施作为基础展开；二是村落更新或再造项目以土地管理法令的再研究作为保障；三是建立了学术界论证、公布更新或再造规划、政府支持的财政额度及投入指向、个性化改造方案与村民意愿表达的有效沟通机制，有效保障村落历史文化、自然风景、公共空间与私人空间等要素。综合来看，先行的国家特别注重传统村落的"民间日常生活"保存问题。

所谓"民间日常生活"的具体含义是什么？乃指传统村落村民群体的方言、交往方式、经济生产活动、衣食住行、生老病死、教育、节日活动、传统风俗、民间信仰活动以及区域性的传统手工艺活动等，以及上述种种的精神性、思想性、文化性、艺术性和物质性表现形态。长期以来，中国传统村落之所以成为民族文化的保留者和传承平台，核心在于保存着这个民间日常生活，它的内容和方式，在民间日常生活的基础上，方可承载不同样式、层次的民族文化。

之所以在这里提出"民间日常生活"作为传统村落的文化基础问题，乃是因为看到目前对待传统村落的两种观点具有相当的欺骗性，并不同程度地主宰和误导了传统村落的基本价值指向。一种是浪漫主义传统村落观，一种是商业主义传统村落观。浪漫主义传统

中国民间
文化遗产
抢救工程
THE PROJECT TO CHINESE
FOLK CULTURAL HERITAGES
SOS

中国历史文化名城·名镇·名村丛书

村落观把传统村落理想化、浪漫化，仿佛传统村落是用来怀旧的，象征着一切美好的自然与人类的和谐，田园风光，日出而作，日落而息，男耕女织，像是《桃花源记》里的武陵源，"不知有汉，无论魏晋"。但是，这不是民间日常生活；民间日常生活还包含在落后生产力条件下的温饱之苦、辛劳之苦，是传统村落里百姓的生活常态；生产关系之阶级阶层压迫、政治强权和无权地位，以及在自然面前束手无策，在兵灾、匪患和种种欺男霸女面前的悲惨状态，甚至中华人民共和国成立以来出现过的政治压迫、思想禁锢和社会运动之灾，是乡村浪漫主义者无法想象的，而这，就是大多数传统村落的民间日常生活。文人雅士，在欣赏田园风光和依依炊烟之时，能否探入茅舍，去看看灶台、铁锅和橱柜，去看看大量农夫、农妇的身子，他们是否仍然饥饿、寒冷？或者他们的孩子是在劳作还是就学？商业主义传统村落观呢，则直接把传统村落改造成伪古典主义的模板，打造成千篇一律的青砖瓦房，虚构出一系列英雄史诗和骑士传奇，或者才子佳人和神异仙境的故事，两者相嫁接，转化为商业价值或者政绩价值，成为行政或市场兜售的噱头，这一行为成为当下传统村落"保护"的常态。这两种传统村落观，一个共同的特点是把村落与民间日常生活相割裂，抹杀了民间日常生活在传统村落里的价值基础，从而，也直接把世世代代生活于这一场景的村民们赶出村落，嫌他们碍事，妨碍了我们的浪漫主义和商业主义梦想；他们不在场，我们可以肆意妄为地文化狂欢。那些在民间日常生活中久存的精神性的、思想性的、文化性的、艺术性的符号，均不在话下。但是，假如村民不在场，社群活力不再，传统村落如何是活态的呢？西方哲学有一个时髦术语，叫作"主体缺失"，因为主体缺失，因而话语狂欢。

关注传统村落的村民，无疑是中国传统村落保护的第一要素。但恰好是人这第一要素构成了传统村落的凋敝和乡愁的产生。

1990年至2010年这二十年，随着一些区域传统村落里村民流动性的增强，特别是青壮年村民向东部、东南部和南部沿海地区季节性的流动，极大地影响了这些区域传统村落民间日常生活的展开，减弱了传统村落的社群活力，也相应削弱了传统文化活动的开展。这样，构成传统村落民间日常生活的内容慢慢演变成淡黄色、苍白色，成为一种模糊记忆，抑或转化为一年一度的春节狂欢，最后，演变定格成为日常性质的乡愁。民间日常生活不再完整地体现在现在乡村生活之中。那个完整的民间日常生活，在我们不得不离开它的土壤之后，便蜕变为乡愁。乡愁这只蝴蝶的卵，就是民间日常生活。而伴随着乡愁这只蝴蝶而出现的，却是一个个村落日常生活不断凋敝、慢慢消失。乡愁成为我们必须抓住的蝴蝶，否则，我们的家乡便消失在块垒和空气之中，我们千百年创造的文化便无所依凭。然而，据统计，在进入21世纪（2000年）时，我国自然村总数为363万个，到了2010年，仅仅过去十年，总数锐减为271万个。十年内减少约90万个自然村。若是按照这个速度发展下去，三年、五年之后，我们的传统村落便所剩无几了。也就是说，出生和成长在这些村落而现在散居在世界各地的人们，将无以寄托他们的乡愁。若是其中有的村落有几百年、上千年甚至更久远的历史呢？若是其中有的村落有着华夏一个独特姓氏、家族、信仰和其他各种人文景观等呢？

越来越多的学者开始从事传统乡村保护的研究工作，例如《人

中国民间
文化遗产
抢救工程
THE PROJECT TO CHINESE
FOLK CULTURAL HERITAGES

中国历史文化名城·名镇·名村丛书

民日报》2016年10月27日发表了"老宅、流转、新生"为题的介绍黄山市探索古民居保护新机制的文章，还配发了题为"古民居保护，避免'书生意气'"的评论；《中国文化报》2016年10月29日发表了题为"同乡村主人一起读懂文化传承"的文章，提出了"新乡村主义"的概念，在它的题目之下，包含有乡村治理、乡村重建和乡村产业化的多功能孵化等内容。为此，文章提出了"政府在制定政策方面、标准化编列预算、聘请专家团队和NGO组织，进行顶层设计、人才培养、产业孵化和公共服务"四项基本措施，还配发了"莫让古民居保护负重前行"的文章。《光明日报》2016年11月15日发表了题为"福建土堡：怎样在发展中留住乡愁"的报道，记叙了专家考察朱熹故乡福建三明尤溪土堡的过程；记者报道了残存的土堡现状，记录下专家们的意见：政府与社会资本合作的"PPP模式"，面对乡村人口日趋减少的不可逆现实，应该吸引城市中的人回到乡村，将土堡打造为"民宿"，在不破坏现有形制的前提下，实现功能更新。也有专家提出，就保护而言，首先应该考虑当地人，人的利益是优先的，只有做到长期发展而不是只顾短期利益，文化遗产保护事业才能够持续发展，等等。

上述建议，已经超越了简单的乡愁情怀，而诉诸国家土地法规、资金筹措模式、专家功能实现等层次。应该说，在越来越深入研究、讨论的基础上，对传统村落保护的思路越来越宽了，为政府制定传统村落保护法提供了良好的基础。在国家立法的基础上，国家、地方政府组织专家开展普查，确认传统村落的级别，分别实施不同层次的激活、保护、开发，才有坚实的基础。

我理解，通过专家学者的普查、认定，得出的结论一定会有利于政府形成健全完备的保护方案和具体操作措施。一方面，对仍然有社群活力的乡村，实施新农村建设规划，改善其经济机制，改建生活设施，改善村民的生活条件，把工作重点聚焦到提高农业产业框架基础、为居民提供更好的生活环境、增强村庄文化意识、保存农村聚落特征上来。另一方面，为有着特殊文化传承却逐渐凋敝，甚至失去社群活力的乡村，探索一套完善保护的工作模式，形成一种工作机制，并得到国家法规政策的支持和保障，包括土地规划、投资体制、严格的环境保护，建立严格的农民参与机制等，为保留故乡记忆、记住我们的乡愁，留下一系列艺术博物馆、乡村技艺宾馆，产生具有独特价值的"乡愁符号"。

作为"中国民间文化遗产抢救工程"的重要项目之一，《中国历史文化名城·名镇·名村丛书》正是通过众多专家学者和民间文艺工作者辛勤的田野调查工作，在中国民协推动的"中国传统村落立档调查工程"所积聚的海量信息基础上，多学科、多视角地反映当下古城古镇和传统村落现状，发掘传统文化的独有魅力，进而为保护和传承优秀传统文化积累鲜活的素材，汇拢丰富的经验并寻觅科学的路径。相信这套丛书的出版将对古城古镇和传统村落的保护发挥积极作用。

2017 年 3 月

（作者系中国民间文艺家协会分党组书记、驻会副主席）

中国民间
文化遗产
抢救工程
THE PROJECT TO CHINESE
FOLK CULTURAL HERITAGES

中国民间文化遗产抢救工程
THE PROJECT TO CHINESE FOLK CULTURAL HERITAGES

中国历史文化名城·名镇·名村丛书

历史故事 文明影像（序二）

郭崇林

在黑龙江省这片神奇的土地上，有连绵起伏的大小兴安岭、张广才岭、完达山脉，有沃野千里的松嫩平原和三江平原，有气势磅礴的黑龙江、乌苏里江、松花江、牡丹江、嫩江水域，有风景旖旎的兴凯湖、镜泊湖、五大连池，还有古木参天的松涛林海和绿草如茵的天然牧场，由此勾勒出"五山、一水、一草、三分田"的绚丽画卷。正是她们，滋养着这里的世居少数民族和汉民族生息繁衍，擘画、流布着祖国北疆的"黑龙江流域文明"。

在嘉荫县龙骨山，埋藏着距今至少7000万年的恐龙化石；在漠河、呼玛、讷河、阿城、宁安等地，发现了距今两万多年的旧石器文化遗址和古人类遗物。而东部密山新开流的渔捞文化遗址、西部齐齐哈尔昂昂溪的狩猎文化遗址、东南部牡丹江莺歌岭的农业文明遗址，标志着黑龙江地区的古人类进入新石器文明时代。

从商、周时期到唐朝，黑龙江地区的古代先民由西向东，逐渐形成了肃慎、东胡、秽貊三大族系，并分别从原始社会末期走向文明时代。《国语》中曾记述，孔子据文书记载，指点陈惠公的下人在故府里找到武王伐纣时肃慎人贡箭的故事。西汉、魏晋时期远销中原的"挹娄貂皮"，一次进贡曹魏政权就达400张之多。黑龙江地区的第一个国家政权，当属秽貊族系夫余人建立的地处松花江中游松嫩平原的奴隶制政权，夫余王所用印玺亦为汉王朝颁发。公元7世纪，居处在黑龙江、松花江、牡丹江、乌苏里江流域的数十支系归并为两大部族，靺鞨首领大祚荣统一各部自立为震国王；公元713年，唐玄宗册封大祚荣为渤海郡王，并加授"渤海都督府都督"；位于牡丹江宁安的"上京龙泉府"仿照唐都建城，成为当时仅小于长安的亚洲第二大城市，"海东盛国"载誉史册。

隋唐时期，黑水靺鞨的后裔——女真人先后形成了五大部落，史称"五国部"，其进贡的"海冬青"猎鹰，尤其受到辽国皇室的钟爱。而迁至阿什河流域的女真完颜部落首领阿骨打，1115年在阿城创立了大金帝国，建"上京会宁府"；其后，随着势力的扩张，一度迁都燕山，并将北宋徽、钦二宗掳至"五国头城"（今依兰），使其父子"坐井观天"，备受煎熬，最终客死他乡。

1234年，"一代天骄"成吉思汗称雄漠北，挥师南下，统率蒙古大军打败金国，占领了整个黑龙江乃至库页岛、日本海和外兴安岭地区。1287年，元朝设辽阳行省，黑龙江的大部分地区归属开元路和水达达路管辖；在松嫩平原还设立了肇州蒙古万户府和蒲峪路屯田万户府。其时，在黑龙江地区有经阿城沿松花江而下、入黑龙江抵奴儿干，从吉林至黑龙江宁安、沿绥芬河至俄罗斯滨海，由肇州到齐齐哈尔，一抵瑷珲、一抵呼伦贝尔草原的三路驿道。它们前承辽金古道，后启明清驿站设置，这些历史在黑龙江独具地方特色的民间传说和风物歌谣中都有呈现。

女真族"一代枭雄"努尔哈赤在近30年的时间里，逐步统一了松花江、乌苏里江、黑龙江流域的建州、海西和东海女真各部，使女真族成为东北地区空前强大的民族。1607年，努尔哈赤建立了具有军事、行政和生产三方面职能的"八旗制度"，领导

创建满洲文字，并于1616年创立大金国(史称后金)。努尔哈赤之子皇太极继位之后，先后收服了黑龙江中游的虎尔哈部、外兴安岭的索伦部及鄂嫩河、尼布楚(今俄罗斯涅尔琴斯克)一带的蒙古人和贝加尔湖以东的使鹿部；同时把黑龙江中上游的达斡尔、索伦、鄂伦春各部编成"牛录"纳入八旗，并对黑龙江西部的蒙古科尔沁各部施行盟旗制统辖；1644年女真人后世——满族建立了中国历史上的清王朝。

黑龙江地区作为满族的"龙兴之地"，长期实行"封禁政策"。射猎的围场、采参的山场、捕珠的河场，都被划为禁区，汉族人不得入界开发。清朝乾隆年间施行的"招垦实边"政策，促使以汉族流民为主的多民族移民大批涌入黑龙江地区开荒、采参、挖金，民政事务大量增加。黑龙江将军的设置，是黑龙江地区军政合一政权建设的开端，由此带动了瑷珲、墨尔根（今嫩江）、三姓(今依兰)、呼兰、呼伦贝尔、布特哈等军事重镇的发展。1907年，清政府取消黑龙江将军建制，设立行省巡抚，自此始有"黑龙江省"。

从沙皇俄国得寸进尺的强势侵略，到雅克萨、瑷珲风起云涌的抗俄斗争；从日本侵略者"铁壁合围""篦梳山林"的围剿、扫荡，到抗联战士团结珠河、挠力河等地广大民众的浴血奋战；从国民党特务网罗土匪武装的袭击叛乱，到全面展开的剿匪斗争、土地改革运动；十九世纪到二十世纪中叶的黑龙江，书写着一部不幸蒙羞、奋力抗争、解放革命的近现代史。

作为"新中国的长子"，十万官兵开发北大荒，百万知识青年上山下乡，在黑龙江松嫩平原、三江平原、大小兴安岭山间谷地建立大型国营农、牧、渔场，全面推动"北大荒"变成"北大仓"；现代机械化农场的创立、储备雄厚的森林和煤炭资源、大庆石油的勘探开采、机械工业的迅速发展……突显黑龙江作为东北乃至全国资源、生产基地的重要地位。

纵观黑龙江的文明、历史发展，以黑龙江世居的当代满、蒙古、朝鲜、达斡尔、鄂伦春、鄂温克、赫哲、锡伯、柯尔克孜等民族为代表，以垦荒戍边、流民迁徙——特别是络绎不绝、纷至沓来的"闯关东"汉民族为主体，千百年来，他们共同创造了独具风采的原始采集、山林狩猎、江河渔捞、游牧畜牧、农耕稻作等日渐成熟的生产和生活文明，创造了由原始的"乌力楞""嘎仙"生产部落直到"八旗""村镇"近现代综合社会组织，以及由此衍生的宗亲家族、衣食住行、婚嫁丧葬、文学艺术、歌舞竞技、工艺美术、岁时节日、民俗信仰，等等，如此林林总总的历史文化和文明景象。

同样是在这块神奇、富饶的壮丽版图上，伴随着一个个勤劳勇敢民族、一个个文明进步创造，一个个重大历史时期、一个个重大历史事件，熠熠生辉的，是那些名称看似平常、朴拙，但却承载着感人至深的历史故事、留下了难能可贵的文明影像的一个个乡村、一个个城镇，在此不能一一重复、列举，也不能一一展开、呈现，且待《中国历史文化名城·名镇·名村丛书》黑龙江卷一个个向您娓娓道来吧……

2019 年 5 月

（作者系黑龙江省民间文艺家协会副主席、大庆师范学院副院长）

中国历史文化名城·名镇·名村丛书

中 国 历 史 文 化 名 村

黑龙江街津口 | 目录

第十章
文体娱乐

第十一章
黑龙江畔的"边陲名胜"

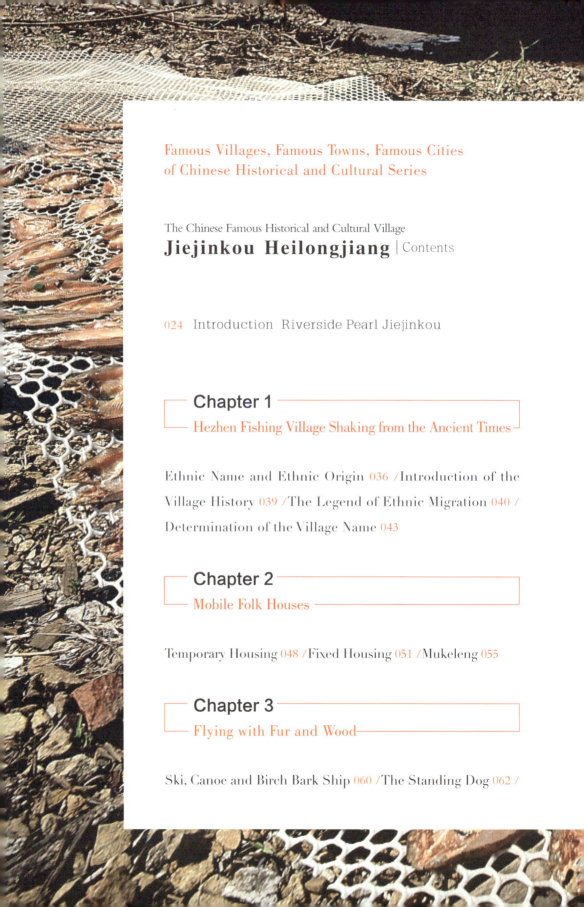

Famous Villages, Famous Towns, Famous Cities
of Chinese Historical and Cultural Series

The Chinese Famous Historical and Cultural Village
Jiejinkou Heilongjiang | Contents

Chapter 4
Fun Fishing

Chapter 5
The Past Hunting Legend

Chapter 6
Folk Craft-Five Stunts

引言 江畔明珠街津口

你像一条巨龙，

盘卧在黑龙江边。

你像一条金色项链，

装点北疆秀美的画卷。

啊，街津口！啊，街津山！

桦树林里的杜鹃为你歌唱，

山顶上的白云把你留恋。

你是三江大地的骄傲，

你是中华民族的一员。

↓ 赫哲故里楹门

这是出生在街津口的赫哲人，同江市文联秘书长、赫哲族诗人孙玉森热情讴歌自己家乡的一首诗。

　　在黑龙江省黑龙江与莲花河汇合处的南岸有一个赫哲渔村，名叫街津口。街津口位于东经132°43′30″~132°59′20″，北纬47°51′20″~47°57′40″，北隔黑龙江，与俄罗斯相望，南距其所属同江市的市区约45公里。2019年，街津口被列入中国传统村落名录。

　　街津口有着悠久的历史。考古工作者曾经在这里发现了石斧、骨箭头等原始渔猎工具。这里是东北古老民族之一的赫哲族聚居地。《赫哲族简史》（黑龙江人民出版社，1984年8月第1版，第71页）记载，"有一小屯名盖金。它在金朝前称'赫赫'，后改

↓ 街津口村口

'赫金'。金朝曾向此地求援兵，得到相助"。清军入关之前，赫哲人世世代代就在这里居住。

作为六小民族之一赫哲族的重要聚集地，街津口赫哲族乡渔业村赫哲族人口约占全国赫哲人口总数的10%，地处同江市街津口赫哲族乡政府所在地。街津口赫哲族乡下辖6个行政村，赫哲族人集中居住在渔业村。渔业村现有152户，总人口548人，其中有船只90只，从事渔业生产90户，180人；从事养殖业21户，58人；从事旅游业36户，105人。

街津口赫哲族乡主要由街津山、平原草甸和江河水面组成，总面积43万亩，其中山林面积30万亩，占总面积的69.77%；水面面积近7万亩，约占总面积的16.27%；耕地面积6.26万亩，占总面积的

↓ 渔村远眺

14.56%；乡边境线长39公里。1997年，街津山被列为省级自然保护区；2000年，街津山公园被批准为B级国家森林公园。

街津口东、南、北三面环山，其中街津山系完达山余脉，呈半圆形，两端伸入江中，形同一把靠椅。北山为街津口的天然屏障，山下江中有一馒头形怪石，与北山只有一线山路相通，江水泛滥时便与北山相隔，形如孤岛，这就是名闻遐迩的"钓鱼台"。钓鱼台高耸陡峭，下临翻滚的江水，过去曾是村民得天独厚的钓鱼之地，因而得名。街津口南面是老道沟和寒葱沟，东南为青龙山，东面有二吉利山和额图山，都因附近的村庄而得名。

街津口西面紧邻黑龙江。江水绕过北山后向东北奔流，这里过去曾是街津口与外界最重要的水路通道。街津口西南有发源于莲花泡的莲花河，其东至青龙山，西至石家桦子场，行船可至富锦。发源于东山的山河，流经村北，与莲花河在街津口村西汇合成街津口河，向北注入黑龙江。

被当地人称为"漂筏甸子"的沼泽地是街津口的特色地貌。从表面看，这种沼泽地长着茂密的青草，其间夹杂着枯草、

↑ 大江东去

↑ 鹤翔河畔

↑ 捕鱼滩地

↑ 绚烂秋色

↑ 林海雪原

↑ 大江流凌

烂根，底层却是泥浆，含有有毒物质。由于街津口小河众多，河流错综复杂，流速又慢，每秒仅有0.08公尺，春季冰雪融化，覆盖在冰雪之上的杂草与尘土混在一起，时间一长，形成一层土皮，秋季草籽散落其上，长出茅草。日积月累，尘土越积越厚，茅草越长越茂盛，这样"漂筏甸子"就形成了。

街津口地处祖国东北边陲，四季风光变化多样，景色壮观，气候宜人。春天多西北风，西南风较少；夏季风向不定；秋季东风和西北风较多；冬季刮西北风和东北风。降雨多集中在六七月份，雨量适中，年降水量为513.3毫米。街津口人常说，"只要江水不泛滥，出了小苗儿能保八成年"。

街津口处于青山绿水间，自然资源十分丰富。俗谚"棒打狍子瓢舀鱼，野鸡飞到饭锅里"是对当地丰富自然资源的写照。附近群山被郁郁葱葱的茂密森林覆盖，林木为天然次生林，以阔叶林和针叶林为主，桦、杨、柞、榆、柳、椴、核桃楸、黄菠萝、水曲柳、落叶松、红杉、樟子松等树种交错丛生。

街津口的植物种类繁多，共有23个科39个属，属长白山植物区系。其中药用植物有五味子、贯众、木则、地龙、草乌头、刺五加、山刺梅、赤芍、大叶柴胡、玉竹、满山红、透骨草、苦参、桔梗、山豆根等上百种；野果类有山丁子、李子、山里红、山梨、山葡萄、山核桃、榛子。野生木耳、元蘑、花脸蘑、榛蘑、白蘑、猴头、蕨菜、薇菜、黄花菜、柳蒿菜、刺嫩菜、野蒜、江葱、山白菜之类的野菜，则是这个天然果蔬园给村民的馈赠。

　　在街津口的浓密丛林中，栖息着各种珍禽异兽，有丹顶鹤、天鹅、白鹤、鹭鸶、飞龙、雁、翡翠、鹰、玉带海雕等34种鸟类；貉、貂、东北虎、熊、狐狸、狼、狍子、野猪、梅花鹿、獾子、猞猁、水獭、兔、灰鼠等26种哺乳动物；林蛙、树蛙、

↓ 稠李子果

蟾蜍等6种两栖动物。

街津口江河密如蛛网，沼泽、水泡星罗棋布，鱼类资源十分丰富，有鲤鱼、鲫鱼、草鱼、鲢鱼、白鱼、狗鱼、青根、干条、细鳞、鲇鱼、嘎牙子鱼、黑鱼、红尾鱼、胖头鱼、泥鳅鱼等9目6科80多种。其中大马哈鱼（鲑鱼）、鳇鱼、鲟鱼、"三花五罗"（鳌花、鳊花、鲫花，哲罗、法罗、雅罗、胡罗、同罗）等都是比较名贵的品种。

街津口的无霜期为135天，冰冻期较长。冰雪一般在4月末解冻，草木开始萌芽，立夏时节农民开始播种。春夏之际的街津口风光迷人，沿江花红柳绿，山中百花齐放，山水相映，令人仿佛有置身世外桃源之感。秋季的街津口风和日丽，蓝天碧水间，水天一色。各种树叶颜色各异，金黄、正红、雪白、水绿，整个街津山像一位穿了花裙的少女，跪坐江畔寻找水中丽影。9月，开始霜降，霜降前后雪花飘落，江面也覆盖了一层薄冰。11月，江面封冻，冰封大地，雪盖林海，冬季的街津口，银装素裹，白茫茫，一望无际。

赫哲族文化是中华民族璀璨的艺术瑰宝。街津口村是我国六个人口较少民族中赫哲族的主要发祥地和聚居区之一，民俗风情带有传奇和神秘色彩，具有浓郁的地域特色，为赫哲族文化挖掘、传承和创新作出了突出贡献。2012年，街津口被评为中华民族文化艺术之乡。

街津口是中国十大著名乡村之一，全国休闲农业与乡村旅游示范点，3A级国家旅游景区，是现今东北部最热门的边境少数民族旅游区，国内外游人正巡着《乌苏里船歌》的歌声，慕名云集于此，饱览山魂水韵，感受万种风情……

地图无法勾勒出这里的灵山秀水，文字也难以尽言其历史变迁，只有亲自走进街津口，才能深刻体会这个江畔赫哲渔村的风采。

来到街津口渔村，给人印象最深的就是鱼。家家户户的住房东侧，都有一个鱼楼子，赫哲人叫"塔克吐"，里面挂的是鱼坯子，腌的是鱼子、鱼块，还有一缸缸的鱼毛（用锅炒干的鱼制食品）。屋前房后的木板围墙上，挂满了一块块闪光的绞丝网。街道两旁的住屋上，画着活灵活现的鱼神话图案。

赫哲人过去穿的是鱼皮，吃的是鱼肉，住的是鱼皮围的"撮罗子"（窝棚）。直到现在，人们仍然爱吃"生鱼"，并用它来招待客人。

赫哲老人尤金良曾经风趣地说："我们那尼傲从出生到过世都离不开鱼！"婴儿刚出生，家里人用鲜美的鱼子和杀生鱼招待乡亲，报告家庭繁衍兴旺的喜讯；孩子刚五六岁就开始学叉鱼、钓鱼，到了十几岁就跟父辈下江捕鱼了；姑娘出嫁，挑女婿的条件也离不开鱼，非得是捕鱼能手、削烤鱼竿的莫日根不可；姑娘到婆家，坐的是彩船彩车，穿的是鱼皮衣裤；老人去世，亲友们带着鱼和酒去吊唁，表示对死者的怀念，让勤劳了一生的打鱼人死后也有鱼、酒陪伴，这是对九泉之下的亲人最好的告慰。

一个从远古摇来的渔船上的民族，世世代代繁衍生息在黑龙江畔那山水相依、秀美如画的仙境里，夏渔冬猎，在长期渔猎的劳动生活中，创造了光辉灿烂的民族文化，为后人留下了宝贵的精神财富和文化遗产。而今，在现代化的社会中，这些文化遗产已成为赫哲人民独具特色的浓郁的民族风情和一道社会生活中亮丽的风景。

萨满神歌

迎客酒歌

乌日贡——大会上的鼓舞

开江节

图腾柱

讲述"说胡力"

狩猎"莫日根"雕塑

三面环山，一面傍水的街津口，以她独特秀美的清丽和
旖旎多姿的神韵，流露着赫哲人亘古不变的族魂。莽莽的黑土
地是赫哲人博大坦荡的胸襟，巍巍的街津山是赫哲人凛凛的傲
骨，赫哲人的心地像不尽的流水温柔而绵长，一方水土养一方
人，是山水的灵秀孕育传承了一代又一代的赫哲人，构建了街
津口的神话传说。美丽的村名蕴藏着迷人的风情，神奇的村史
延续着动人的故事。

第一章
从远古摇来的赫哲渔村

族称族源

街津口村是我国六个人口较少民族中赫哲族的主要发祥地和聚居区之一。虽然人口较少，但赫哲族是东北地区一个历史悠久的少数民族。赫哲族文化的形成与发展和三江平原上的历史演进有着渊源，在街津口这个山水舞台上演着传奇和神秘的史剧。

"赫哲"一词始见于《清实录》："康熙二年癸卯三月壬辰，命四姓库里哈等进贡貂皮，照赫哲等国例，在宁古塔收纳。"（转引自《赫哲族简史》，黑龙江人民出版社，1984年8月第1版，第8页）。还有一些文献将"赫哲"称为"黑斤""黑津""黑金""和

↓ 远古生活场景

真""额真",或是"奇勒尔""奇勒""齐凌""麒麟"等。而赫哲人对自己的称呼又有所不同,居住在中国境内富锦市以北松花江沿岸的赫哲族自称"那贝",富锦市嘎尔当至勤得利的赫哲族自称"那尼傲",居于同江市八岔以南至乌苏里江沿岸者自称"那乃""那尼""那尼傲",这些都是"本地人"的意思。据调查,居住在街津口一带的赫哲人自称为"那乃"。赫哲语"那"就是汉语"本地""当地"的意思;赫哲语"乃""贝""尼傲",都是汉语"人"的意思。

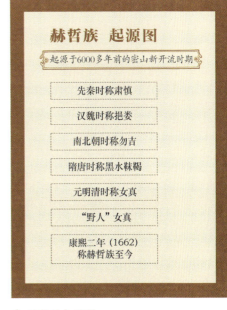

↑ 赫哲族起源图

1934年,中国著名民族学家凌纯声在《松花江下游的赫哲族》一书中,根据赫哲族自古使用的自称作为其族称,从此,"赫哲族"一词广泛使用,并成为中国赫哲族的正式族称。

据研究,赫哲族的历史最早可追溯到新石器时代早期的新开流文化。黑水靺鞨是其直系先祖。而上溯黑水靺鞨的祖先,先秦时期的肃慎、汉晋的挹娄、魏晋南北朝的勿吉、明代的野人女真都与赫哲族有着密不可分的关系。

明代,水达达南迁,形成了建州女真和海西女真,留居故地的成为野人女真。他们捕鱼为食,着直筒衣,暑用鱼皮制衣,寒用狗皮制衣。野人女真的主要成员即为赫哲族先民,其处于最北之地,一直处于原始氏族社会末期。据此一说,赫哲族是定居于白山黑水之间的古老民族，是在漫长的变迁和融合中，吸收了三江流域的不同族系而形成的。

赫哲族自明末清初形成后便是长期居于黑龙江东部地区重要的少数民族之一。魏源在《开国龙兴记》中记述："男以桦皮为帽，冬则络帽狐裘。妇女帽如兜鍪，衣服多用鱼皮，而缘以色布，边缀铜铃，亦与铠甲相似。以捕鱼射猎为生……其土语谓之赫哲话，岁进貂皮。"（转引自《赫哲族简史》，1984年8月第1版，第221页）

19世纪中叶以后，随着中俄《瑷珲条约》和《北京条约》的签订，中国失去了黑龙江以北、乌苏里江以东广大地区，而居住在这一地区的赫哲族成为俄国臣民，从此，赫哲族成为跨国民族。

↓ 玉饰件、陶图腾

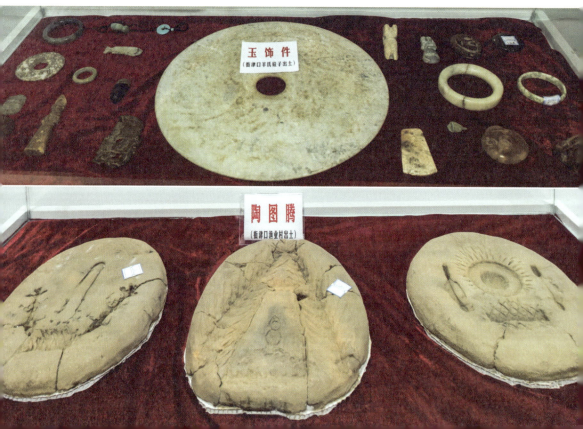

村史简述

街津口的赫哲族在清朝以前实行
"哈拉莫昆"的氏族制度，清康熙年间
被编入八旗。据满文老档史料记载有盖
金乌托拉哈拉一屯，民国年间归同江县
衙管辖。

↑ 早期街津口

1937年，日本人实行集村并屯后，街津
口村成为一个集中区，原屯长改称部落长。

日本投降后，1947年组建联合会。
1949年，黑龙江省各地进行政权建设，作
为赫哲族主要居住区之一的街津口属同江
县管辖，同年并入富锦县，街津口划为自
然屯。

↑ 今日街津口

1953年，街津口改为行政村；同年，
街津口村成立互助组。1954年，街津口
村成立初级合作社。1956年开始人民公
社化，成立团结社，由赫哲、汉、朝鲜等
民族组成，划分五个生产队，赫哲族社员组成了第三、第四生产
队，属渔业队。1958年，实行农场与县合署办公，街津口村成为
八五六农场的一个渔业连队。

1962年，场县分开，街津口复归同江县管辖。1963年，街津
口村改为赫哲族乡，由赫哲人任乡长。"文化大革命"期间，撤销

了民族乡。1967年，成立街津口革命委员会，赫哲族与其他民族混合在一起，分在不同的生产队中。

中共十一届三中全会以后，实行改革开放，落实民族政策。1980年，街津口赫哲族从混合队中分离出来，组成由赫哲人构成的、专门进行渔业生产的渔业生产队。1984年，恢复同江县街津口赫哲族乡建制。赫哲族渔业队变成行政村，称为街津口赫哲族渔业村，与农业村、渔场共同处在街津口赫哲族乡政府所在地。全乡先后荣获小城镇建设示范乡、文化建设先进乡、新农村建设试点乡、民族团结模范集体、新农村建设十大魅力乡镇、国家级生态镇、国家级特色景观旅游名镇等二十多项荣誉称号。

民族迁徙的传说

赫哲族曾是一个不断迁徙流动的民族，在千百年来不断迁徙的过程中，创造了这个渔猎民族的历史。而最早来到街津口开始人类文明生活的即是从黑龙江上游赫哲部落迁来的赫哲族后裔。地图无法勾勒出这里的灵山秀水，文字也难以尽言其历史变迁，只有亲自走进街津口，才能深刻体会这个江畔渔村的风采。

街津口至今还流传着很多关于赫哲人迁徙的历史故事。

有些老人说，很早以前，赫哲族的祖先居住在黑河（就是今天的黑龙江）上游一带，以渔猎为生，后来由于黑河上游环境发生变化，生活不下去了，大家就决定迁移，寻找新住处。他们用大木头扎成筏子，没有任何目的地，顺着黑河沿江而下，筏子漂到什么地方，就在那个地方留下一部分人。也正是这个原因，在沿黑龙江两岸都有赫哲人的足迹。当时赫哲族人口众多，就逐年沿江向下移动，本来约定好走在前面的人为走在后面的人指示方向，说是在黑河与松花江的交汇点，扎了沿江而下的草耙，草耙指的方向就是东北方。一次，由于江上风力太大，草耙被风刮转了方向，指向了相反的西南方。这样，走在后面的人就认为先走的人都到松花江上游去了，于是这部分赫哲人调转筏头，溯江而上，但始终没赶上走在前边的人，没有办法，最终只好在松花江两岸居住下来。现在从佳木斯市到同江市，还有赫哲人住过的村庄保留下来，如蒙古力、苏

↓ 太阳一族

苏屯、大屯、下吉利、图斯克等村屯。而从上游顺利迁移到下游的赫哲人中，有一部分来到了街津口，并在那里定居下来，他们就是街津口最早的居民。

也有人说，一部分赫哲人在松花江沿岸居住下来，没有移向下游，是因为黑龙江北岸一个尤姓大氏族引起的。黑龙江北岸有一个叫作"薛尔固"的地方，早年也是赫哲人居住的村庄，曾经被一个尤姓的大氏族占据着，他们凭借着家大势大，每天派人藏在江边，专门劫取由黑河上游放下来的木筏子，强迫俘获的人做他家的奴隶。人们虽然不甘心向尤家低头，但又不是其对手，没办法再向黑河下游移动，无奈之下，便在"薛尔固"沿江各地居住下来，成为今天松花江沿岸的赫哲人的先民。

还有一种说法，认为最早的街津口人是金兀术的后代。据一些老人讲，从前，金兀术曾在白城（今天阿城区附近的金代上京会宁府）和岳飞打仗，金兀术被打败，率领余众沿松花江下行，一部分人过了黑龙江，一部分在松花江沿岸住下来，赫哲人就是他们的后裔。当时每年除夕，住在街津口的人家都烧包袱。烧包袱时，先在庭院中燃起一大、一小两堆篝火，大火表示阳火，代表烧包袱者本人；小火表示阴火，就在阴火上烧包袱。包袱是用黄纸糊成"口褡"形，两端各有口，里边装着用金银箔折成的元宝，每次烧十几包。据说烧包袱是祭奠金兀术和白城战殁的亡灵。

这些故事讲述了赫哲族这个古老民族遥远而漫长的历史。而现代文明的考证再次科学地印证了赫哲族多源多流的说法。

自清末民初以来，汉族、朝鲜族陆续迁入街津口，但当地人口仍以赫哲族人口占多数。到中华人民共和国成立后，形成包括汉族、赫哲族、朝鲜族、满族四个民族的杂居村，汉族占大多数。由于街津口民族众多，正确处理好民族关系成为村社的重点工作之一。村社本着各族人民平等互惠的基本原则，对不同民族的事务处理公平公正，积极培养各民族间的感情，促使各民族互相学习、互相帮助，使得各族人民在各个方面都取长补短，相互促进。

村名的确定

街津口今昔都是赫哲族居住的地方。

关于街津口村子名称的来历，传说很多。

相传，在远古时代，江边住着一位叫盖金的老渔民。有一年夏天，一条恶龙把江里的鱼都霸占为己有，不让渔民捕捞。盖金手持鱼叉与恶龙搏斗，扎伤了它的后腿。恶龙畏惧了，放回了鱼群。从此，老渔民盖金为了防止恶龙再次兴风作浪就守候在江边，天长日久就变成了石人，后来人们把石人所在的山起名叫盖金山，盖金住过的渔村叫盖金村。

街津口最早的名称赫哲语发音是"盖金"，汉族人由于舌头硬转音为"盖基"。后来因为有个大河口（莲花河口）的标志，那个年代没有旱路，船是唯一的交通工具，坐船到了山头就是大河口，即便没来过的人也能找到，汉族人为了好记又好找，便叫它"盖基

↑ 莲花河畔（1989 年）

口子"。

　　关于"街津口"名称的由来，还得从1953年说起。

　　那一年，"盖基"还归当时的富锦县（现富锦市）管呢。尤金良担任村主任，他来同江开会，同江区的干部王学德、陈景阳等人点名时就大声地问："下边口子来了没有？"当时同江区所管辖的25个村屯来开会的几十个人都哈哈大笑。

　　此后，尤金良提出，起个恰如其分的名字，就改名为"该金口"，这保留了赫哲语原始语音，而且"该金口"的汉语意思是

↓ 今日莲花河畔

"养育着赫哲族的河口"，寓意全村人吃鱼到河取、花钱到河里捞。当时村干部尤清海、何焕章等人说："我们去开会时总闹笑话，这个名字起得好，坚决拥护，我们再去开会可耳清了。"赫哲族群众异口同声地说："我们坚决拥护，把这个名字报到区政府去，把这个美名永远流传下去！"在1954年1月20日普选民主建政时，该金口村各族人民代表选出了自己的政府组成人员，尤金良当时又被选为村党支部书记。该金口这个美名正式被富锦县政府批准。可没想到，公章刻成了"街津口"，东北方言"街"发音是"gai"，音同字不同，"街津口"就这样流传下来。现在通行叫法是"jie津口"，而当地老人还叫"gai津口"。

↓ 街津口新貌

捕鱼狩猎是赫哲人从事的主业，他们经常活动于江岸和山林之中，需要随时能够转移的住所。赫哲人自己说的"约日嘎玛玛尼傲"，意思就是"我们是沿江而居的人"。早期街津口赫哲人的居住方式富于渔猎特色，即游动式居住和屯落式居住间行。

↓ 渔滩地窨子

第二章

移动的民居

临时住房

　　以渔猎为生的赫哲人多首选山林、江河沿岸的高岗地为居住地。过去，赫哲人是个游移民族，沿山水相依的黑龙江捕鱼游猎，居无定所，居所常常是很简陋的：夏天，用桦皮搭建"撮罗子"；冬季，用青草苫成"地窨子"。赫哲人定居后，学汉人平地盖起土草房，但与汉人不同的是住所总是留有西窗，这是为了纪念赫哲人从西边漂流而来，顺着窗口能遥望西天的云霞天际，那天上有赫哲人的梦中传说。

↑ 桦皮撮罗子

　　由于从事渔猎生产，长期游动于江河、山林、旷野之中，生产没有固定的地方，导致居处必然迁徙游移。而捕鱼打猎的分散性经营，又使村落不可能集中。早年，沿江两岸几里甚至几十里才有几户赫哲人居住，村落非常分散稀疏。赫哲族村落一般坐北朝南，选择向阳的山坡或背风的地方，以使阳光充沛并有利于防寒，并且房屋建筑在江岸的高处，以免江水泛滥时被冲倒；忌讳村落朝向水流，认为村子朝向水流是不吉利的，水流会把福气冲走，使人财不旺。

　　听老人介绍，在街津口赫哲渔村，早年打鱼狩猎时住的一种临时性的较为普遍的尖顶草窝棚，赫哲语叫"撮罗昂库"，简称"撮罗子"。

　　"撮罗"是赫哲语"尖顶"的意思。撮罗子是一种上尖下圆的圆锥形的草房，在街津口比较普遍：先选用6米长、7厘米粗的木杆搭起上尖下粗的圆锥形架子，在上面绑上多道横条子，从底部向上一圈一圈地苫草，苫一圈勒上一道细条子压住草，这样一直苫到尖顶，用草绳或树皮绳扎住即可。夏季上山打猎时可用桦皮苫房，门开在南面，扎草帘盖门，没有窗

↑ 茅草撮罗子

↓ 渔滩地窨子

户。撮罗子里东、西、北三面就地摆好木杆，上面铺上一层厚草，再铺上熊皮、狍皮和褥子即可住人，但不能过冬；北面是上位，是老年人睡觉和坐处；东西两侧是青壮年或晚辈坐卧的地方。

赫哲人由于长期游动捕鱼、狩猎，住所一般都选择在沿江两岸的高坡，临时居住的撮罗子十分简陋，可以随时搭盖和拆除。据老年人讲，古代先民夏则巢居，冬则穴处，人无常处，桦皮为屋，行则驮载，住则张架。用桦树皮围成的撮罗子叫"搭尔空昂库"，用布围成的撮罗子叫"保斯昂库"，用兽皮围成的叫"那斯昂库"，用草围成的叫"撮罗昂库"。

圆顶窝棚，赫哲语叫"阔恩布如昂库"，是用多根直径6至

↓ 居址地窨子

7寸、高7尺多的杨树，劈成板片，搭盖成圆锥形的住处，高约2米。它的尖顶处留有2尺多宽的出烟、通风孔；在向阳的一面，有个小门，周围培上4至5尺高的土；若已封冻，便用雪培上；后来也有用布围的，是赫哲人冬季狩猎的好住处。

固定住房

固定住房经历了一个由地下向地上演变的过程，分别为地窨子、马架子和正房。

地窨子 这是一种古老的居住形式，属于穴居的一种发展形式。地窨子，赫哲语叫"胡日布"或"希日免科"，是赫哲人过去冬天居住的比较原始、简陋的住所。

赫哲人住的这种地窨子，是向地下挖三尺深的长方形土坑，其大小根据住的人口而定，顺中间前后立起柱脚，架上檩子，橼子上端搭在檩子上，下端直接撮在挖好的距坑边约60厘米处，形成"人"字形架，其上铺苕条和草，培上五六寸厚的土即可。

地窨子向阳面开门，在门旁有两个简单的窗户，早年是用去鳞的鲢鱼皮或胖头鱼皮或白鱼皮糊窗户，小孩喜欢把鱼皮窗纸当成鼓敲着玩，感到很有趣；后来才用纸糊，在纸上喷抹上一些鱼油，既结实又亮堂。屋内有的搭铺，有的搭火炕。火炉放在中间，烟囱由房顶开出。此住处最多能住两年，一般只住一冬，翌年重盖。

地窨子的优点是冬暖夏凉，建房成本低；缺点是室内空间狭窄，窗小，室内较暗。过去这种住房在街津口十分普遍，在20世纪80年代后开始减少，如今在街津口渔村的外围还有5个地窨子，作为野外生产人家住所，且居住者多为老年人。

马架子 赫哲语称马架子为"卓"，是在地面上垒土为墙而建成的房子，坐北朝南，房门开在南山墙上。屋里灶台与火炕相连，连接处有矮墙，以免孩子掉入锅里。冬天炕上放置泥质火盆，非常笨重，一来可取暖，二来可点烟。闲暇时，老年妇女常叼着烟袋，围坐在火盆周围唠家常。从20世纪50年代起，基本无人居住马架子房了，但作为遗迹，马架子在山林江岸还清晰可见。

正房 早在二三百年前，正房就在赫哲族地区出现了，这是赫

↓ 早期拉哈辫草房

哲族接受汉、满族居住文化影响的结果。以前，赫哲人盖房，用粗木垛墙，两端串上木杆，使其牢固。后来学会了汉、满族用草和泥编"拉哈辫"垒墙的方法，盖正房多用"拉哈辫"墙，结实保温。早年，赫哲族聚族而居，往往同一氏族的人居住在一个村落。建房时就地取材，大家齐心协力一起动手，很快就把房子建起来了。

↑ 萨满神宅遗址

但房子绝不属于房主一家所有，而属于整个"哈拉莫昆"（氏族组织）所有，有的房子里住着几户。有时，某户外出打猎捕鱼，房子也不上锁，同一氏族的人可按自己的意愿搬进去住，并使用屋里的东西，房主回来也不介意。可见，早年同一氏族的人是共同劳动、共同享受劳动成果的。随着时间的演变，赫哲族的居住习俗逐渐由聚族而居向聚屯而居演进，血缘意识日益淡化，地域观念不断增强。在街津口，每户建房屋，一般全村壮劳力都来帮助。尤其是木匠帮助建房，房主不付工钱，完全属于互助性质，但必须准备好菜好饭以供木匠食用。

正房若是两间，则东间开门，东屋为灶房，西屋为寝室；若是三间房，则房中开门，东西两间为住屋。居室以火炕为独特标志，饮食起居、会客均在炕上。居住方式也很讲究，若东西两间屋，老人住西屋，年少者住东屋，这与赫哲人"以西为贵"有直接关系，祖宗、诸神均供在西屋。若南北对面炕，老人住南炕，年少者住北炕；如果一面炕，老年人住炕头，未婚子女挨着老人睡，已婚的儿子与媳妇住炕梢。西面炕很窄，连接南北炕，是祭神供祖的地方，不能随便坐人，尤其是妇女在月经期更不能坐，以免亵渎神灵。人们并头而睡，头临炕边，脚抵窗户。睡觉枕枕头，早年有用桦树皮包好的木头方子枕头，还有晒干的塔头（草根盘节切成）枕头，后来枕满族式长方形布枕头。

室内柜子立在炕的一端，白天被褥放在上面；或在屋地靠墙架起木板，将被褥叠好放在上面。

赫哲人无论冬夏都睡暖炕，舒适、温暖、解乏舒筋。冬天烘火以御寒，夏日烘火以祛湿。若不睡火炕，则不易安寝，不仅觉得腰背酸痛，还易患肚子痛及腹泻。炕是用土坯砌成的，灶也是用土坯砌成的，四方形，上置一个铁锅，锅盖是木质的。灶火的烟气通过炕洞从烟囱冒出。烟囱在房前或房西旁，与房之间有一段距离，被称为"烟囱脖子"。赫哲族人家的烟囱取用山中空心粗树制成。

赫哲族人家在地窨子、马架子或正房的东侧，搭有鱼楼子，赫哲语称"塔克吐"，用以存放鱼干、鱼毛、鱼条、鱼坯子、兽肉干等食物及日用工具。鱼楼子属桩式建筑，用四根或六根粗木做基柱，在周围用圆木搭成，或用柳条编篱笆而成，离地面三尺多高，设有小门和木梯，便于上下。鱼楼子干爽、通风、避鼠，适于存放食物，夏天屋里闷热时也可以在鱼楼子睡觉，备觉凉爽。鱼楼子是赫哲族早年巢居生活的遗迹。

还有一种"树屋"，赫哲语叫"温特和昂库"，构木搭建在树顶上，屋长三四米，屋架为"人"字形，留有通风口，可避水患和猛兽。

木刻楞

↑ 搭建"塔克吐"

被赫哲人称为"木刻楞"的建筑，是一种用圆木直接围建起来的房屋，其墙壁用整根圆木横着搭建，木头间接触的部分被刨平，墙壁间的接口是由木头刻出的卡口交错地贴合在一起，非常牢固。

赫哲先人搭建的木刻楞与当时的生活环境密切相关。在原始条件下，赫哲人选择居住地都在安全、朝阳、背风的位置，以防寒、防潮，抵抗恶劣的环境。

粗线条的构造，纯天然的材料，让这些看似十分简陋的房屋，透着赫哲渔猎文化的粗犷和随性，又使人不得不赞叹赫哲人的灵性与智慧。

↓ 遗存的木刻楞

老村旧貌

渔房内景

渔场旧居

新村一角

渔滩一角

新村壁画

　　从事渔猎的赫哲族，依山傍水而居，而冬天的高寒又使他们与冰雪结下奇缘。因此，其传统的交通工具具有鲜明的民族和地方特色。赫哲族先人为适应地理环境与生产生活所需，发明创造了原始且特殊的雪橇、滑雪板、桦皮船、独木舟等地域性交通工具。

↓ 准备进山的马爬犁

第三章

乘皮驾木
疾如飞

滑雪板、独木舟和桦皮船

街津口过去的交通工具主要有："拖日乞"（狗爬犁），每天可行两百多里地；"刻雅奇刻"（滑雪板）行冰雪、过江河，快如奔马；"乌莫日沉"（桦皮船）、"威虎"（快马子）来往江上，快速敏捷，常用于赫哲人叉鱼和送信。

滑雪板，赫哲语叫作"刻雅奇刻"，是冬季狩猎的交通工具，一般用带有韧性的木板制成，五六尺长、五寸宽、二分厚，前端尖形并上翘，两边有钻眼，用兽皮做成脚套子，系在足下，两手持杖，行于冰雪之上，驰骋如飞。为防止爬坡时滑雪板自行下滑，赫哲人在其底部贴一张兽胫皮，使之起阻止倒滑的作用。

独木舟，赫哲语叫作"勿同科亦"，制作技术简单粗糙，比较原始。其做法是先将一段粗原木剖成两部分，然后在其纵断面上向内凿成深槽，前后两端再削成上翘尖形，可容纳一二人，用于叉鱼和横渡江河，非常便利，但船体笨重。

桦皮船，赫哲语叫"乌莫日沉"，是赫哲人生产和交通的重要

↓ 桦皮船

工具。桦皮船体轻，易于携带，水路可划行，陆路肩扛而行，十分方便实用。

桦皮船的制作是用木条子钉出船的骨架，两头尖，向上翘，长约三米，中间最宽处约七十厘米，高五十厘米；然后用植物纤维细绳把春天剥下的白桦树皮缝在船的骨架上，接缝处要密密地缝两道线，再用熔化了的松树油灌好，中间留一个人坐的地方；余下的前后均用鳇鱼皮封好，再用细绳拴住即可。这种船只能坐一个人，用单桨划行，逆水每小时可划行十多里，但划行技术不好很容易翻船。桦皮船最大的特点是轻便，如果两条河相隔不远，绕行又费时间，在陆地可将桦皮船扛在肩上，到了水域即可划行。

↑ 赫哲族手工艺人制作桦皮船（1963年）

↑ 狗站"站车"（狗橇）（1963年）

听老人尤金良讲，过去还有一种大型的桦皮船，叫"吉拉"，两端翘尖，底为圆形，用十五人扳桨，主要用作运输。做船的原材料是以松木做船的肋条，用桦树皮做船面，以"暴马"（白色）丁香树的木头做木钉，钉眼用松油脂涂上。这种桦皮船载重量大，因两端翘得高，所以划起来轻便，速度又快。

↑ 狗橇奔驰在林海雪原

交通工具已今非昔比，但这流传下来的滑雪板、独木舟和桦皮船等传统交通工具却在当今的旅游中发挥了重要作用。

狗站

　　据赫哲族老人讲，街津口东北六七里地的地方原来叫"克木"，是朝廷设置的交通站，由赫哲先辈负责驾狗爬犁、桦皮船送人、送货、报信。

　　克木是明代海西东水陆城站的第27站。海西东水陆城站是松花江、黑龙江下游等地女真人各卫头目进京朝贡的主要路线。由于明代奴儿干都司的建立，卫、所日益增多，明朝派往该地区抚谕的官兵往来频繁。为戍守边疆，传递使命，加强各民族经济、文化交流，重设狗站势所必须。根据地处极寒、积雪时间长的地理条件，在恢复元朝既有狗站的基础上，重建45个狗站。

↑ 在冬渔场上

　　这些狗站星罗棋布、纵横交错，形成了畅达四方的交通线。这里的站车就是狗站配备的"狗爬犁"。每站有站民20户，狗200只，狗爬犁若干辆，朝廷按例行规定支给饷银。至明朝时，仅站狗就近3000只，由此可见这一地区狗是非常多的。明代在这里设立的驿站也根据此地的特点用狗代马作为传递信息的交通工具，成为有别于其他各地的狗站，靠近江河的狗站又称"水狗站"。

　　"水狗站"，就是在水路通行时，由野人女真即赫哲族先世一人划行桦皮船，可载一二人行于江中，行路迅速，如遇浅滩时不

致搁浅，刮大风时又能迅速靠岸。两条水域中间隔陆地，若相距不
远，为避免绕行费时，就从陆路穿行，一人将桦皮船扛在肩上，轻
而易行，携至另一水域即可划行；冬季则乘由五六头狗，甚至十几
头狗拉的"拖日乞"即雪橇，可载一二人，传递使命，运送差役，
疾行如奔马，驰骋在冰天雪地茫茫的征途上。因该地不产五谷，冬
春季节又是冰雪盖地，只有用鱼、兽肉为饲料豢养大量的狗，才能
使"拖日乞"畜力充沛，在冰封大地、林海雪原上驰骋。

　　站户绝大部分为赫哲、费雅喀族的先世。

　　以狗站为节点连接的位于黑龙江下游的这条主要以狗橇作为运

↓ 驾橇的头狗

输工具的交通干线，历经金、元、明、清四个朝代，一直沿用到民国初年。

狗橇

　　雪橇，这是一种滑行的、没有轮子的交通畜力，最初靠人拖拉，狗被驯养之后成了唯一重要的牵引畜力。狗拉雪橇又称狗橇，旧时汉人曾称其为"狗车""冰床""舟""雪车"等，由于它必须有人或畜力等外力在前面拖拽，所以又称为"拖床"。

　　使用狗橇是北方民族的一大特色，不过最著名的当属赫哲族，由于狗拉雪橇是赫哲族冬季主要的运载工具，因此历史上赫哲族又有"使犬国""狗国"之别称。狗橇，俗称"狗爬犁"。每到冬季，赫哲人驾狗爬犁行冰雪之上，已成为赫哲人的标志，甚至曾是赫哲人的"民族名片"。

　　狗橇多是用柞木、榆木或桦木等硬杂鲜木加工制作的。在制作前，先要挑选两根直径在1.5厘米左右、长3米的柞、榆等硬杂鲜木做底，考虑到行进过程中路面可能凹凸不平，多把橇的底部削成平直的方形，木头的前后两端同时被削得薄薄的，并微微上翘，呈两头上翘的弓形，远看似一张床；接着在上翘的两

↑ 滑雪板

端各凿一个横槽，然后以这两根硬杂木为骨架，在其上面各安装两根平行立柱，作为狗橇的支架；之后再用相互平行的横木，将橇前、后端和中间部分穿起来，最后把柳条铺在上面，就可以坐人或载物了。

狗橇的形状特点，早期和后期有所不同：早期形如舟，无辕；后期的前半部翘起上弯，后半部贴地，有辕。

狗橇具有如下特点：一是简单，就地取材，制作容易；二是具有轻便灵活的特点，与冰雪地面摩擦力小，行驶起来轻捷如飞；三是实用，多种职能兼于一身，既可乘人，又可载物，还能远行射猎。赫哲人的狗拉雪橇，除了作为送信、运柴、打猎的交通工具之外，另一项重要功用就是运送新娘。

狗是赫哲人早年使用的重要畜力。早年，赫哲人家家户户养狗，少则三五条，多则十几条。猎犬，特别是兼作拉橇头狗的，从幼畜时期就加以训练：不让它外出，将幼犬用脖套拴在院中的木桩上，让它用力拉，以锻炼其脖颈和膀臂的拉力和耐力；喂食时不给

↓ 狗橇奔驰在冰河上

食盐和带香味的食物，以免影响嗅觉；不使其吃得过饱，以免不积极捕猎野兽；出猎时，猎人与被驯犬一同拉着雪橇走，使其逐渐熟悉主人各项指令的呼唤腔调。

一只雪橇套2—13条狗拖拉。一条狗可以拉三四十公斤重的东西，七八条狗则能拉二三百公斤重的物品，狗橇最多可载千斤。

狗橇无辕，由绳索牵拽。套狗橇时，在雪橇前端拴一条长绳，称为总绳，套在头狗脖子上；长绳上拴有许多短绳和分开的脖套，套在其他狗的脖子上，众狗合力拉总绳，拖拽雪橇前进。

群狗之中，必有一头狗在最前行，充当先行之任，听驾橇人的命令，以定行、止、转弯。头狗大多为雌狗。

驾橇人只指挥头狗即可，只要头狗走正道，其他狗都会跟着走，每天可走一百多公里。为防止狗掌在拉运过程中磨坏，赫哲人就像给马蹄钉掌一样，给狗制作了鱼皮"靰鞡"，套在狗的脚上。

为了防备挽狗突然见物狂奔，雪橇超速发生意外，通常备有两根装有铁尖的木柄"靠力"——刹车棒，当雪橇超速时，驾橇人用"靠力"的铁尖插入雪中增大阻力，以控制速度。"靠力"拴在橇前柱的根上，既是指挥棒，又是刹车棒，还是主人帮助狗拉雪橇的拉杆。

除了狗拉雪橇，狗的使用还渗透到了赫哲人生活的各方面，甚至在其婚嫁中也用狗充作聘礼。可以说，狗的使用是和赫哲族社会的生产和生活息息相关的。

值得一提的是，赫哲人拖拽雪橇的狗是多种职能兼于一身的，既能拉橇，又能狩猎，赫哲猎犬可以寻踪、认路和保护主人等。赫哲人非常爱惜狗，精心喂养，夏天喂食鱼杂碎，冬天喂鱼干，宁可自己少吃，也要把狗喂饱。

　　赫哲人有狗崇拜的习俗，不杀狗，不吃狗肉，不戴狗皮帽子，狗死以后要进行厚葬，将它埋起来或高高挂在树枝上，不使其尸体被野兽吃掉，表现出对狗未尽的眷恋之情。

↑ 雪上奇趣

↑ 雪上冰滑

马爬犁

过去，赫哲人在陆上主要以狗橇和滑雪板为交通工具，后来在其他民族的影响下出现了马爬犁和人拉爬犁。

记述三江流域出现马爬犁较早的是在清代，赫哲族民间文艺家尤志贤曾记录下两首咏马爬犁的诗，一首是清代中期的朱履中写的："轻车驾狗即爬犁，近制鞭将二马挥。山路崎岖行不得，能教冰上疾如飞。"另一首是民初魏毓兰写的："冬来最好是长征，路上爬犁似砥平。门外天涯人去也，一鞭风雪马蹄轻。"（转引自《同江文史资料》第1辑，同江县政协文史委1985年出版）。

内地的爬犁，前头是平底的，是斜茬翘头；赫哲族的爬犁，前头是大弯翘头。前者适于田间平地行走，后者适于塔头甸子和山间矮树丛行走。爬犁的式样构造简单，形制基本同于"拖日乞"，在制作前，先要挑选两根直径在12厘米至15厘米粗细的柞木、榆木或桦木等硬杂鲜木，根部砍薄，然后用火烤，使柞木和桦木根部遇热变形，形成上翘70厘米左右的弯度；之后把这两根硬杂木作爬犁底，在其上安五六根20厘米高的立柱（根据爬犁大小，安装数量不同），作为爬犁的支架；再把细柳树或柞树，根据爬犁的宽度砍成长口，用火烤软后，夹挤在爬犁腿的上端绑紧；接着在爬犁腿的上端，再安上两根长木板条，并凿眼固定好，最后把各接口绑实绑紧就可以了。马爬犁一般长3—5米、宽1米，在爬犁的上翘处各安装一根套杆，使马拉运时能够轻松自如。赫哲人使用的马多是蒙古马,这种马具有个头小、奔跑灵活等特点,很适合于拉爬犁。

马拉爬犁的出现,给赫哲族冬季运输或出行带来了新变化,比如,狗拉爬犁只能用于冬季,而且狗不能单独驮运物品;马拉爬犁不但可以拉运柴草、粮食、渔猎产品等,猎人还可以骑在马上往来狩猎,当狩猎结束后,再用爬犁把猎物拉回去。

马拉爬犁的最大特点是载重量大,每个爬犁可拉500—1000公斤的东西,是狗爬犁载重量的2—4倍,因而很受赫哲人的欢迎。

↓ 马爬犁

中国民间
文化遗产
抢救工程
THE PROJECT TO CHINESE
FOLK CULTURAL HERITAGES

SOS

　　赫哲族是一个主要以打鱼为生的民族，历史上就有"鱼皮部"之称。渔文化渗透到赫哲人生活的各个方面，成为赫哲文化的鲜明特征。赫哲人不仅吃鱼肉，而且穿鱼皮，渔业生产在其经济生活中占有重要地位。

↓ 下拉网冬捕

第四章

渔捕奇趣

船具和网具

　　赫哲人最早用的船是桦皮船。桦皮船体轻灵便，水上行驶悄无声息，是赫哲人叉鱼时常用的重要工具。

　　快马船，称"威胡"，用松木板做成，船底和船帮结合部用晒干的"地毛"（苔藓）塞好，上面钉上板条即可，可坐两人。

　　三页板船，称"腾木特克"。此船中间可竖杆、拉帆、挂篷。它适用于下钩、打网、运货、摆渡。直到现在还在用的木船叫丝挂船，但多数在木船船尾安装了马达，实现了机械化，不用人划桨了。

↓ 传统丝挂船

世代以渔捕为生的赫哲人，使用的捕鱼工具主要是鱼叉、鱼钩和鱼网。

鱼网的种类很多，主要有：拉网（赫哲语为"阿迪勒"），用于夏天打明水涡子鱼，冬天凿冰眼打稳水涡子鱼；待河网（赫哲语为"蒙根阿迪勒"），形如麻袋，在水深处下网；抬网（赫哲语为"图其耶其库"），于网中放鱼饵，用四根杆子撑开放入水中；挂网（赫哲语为"勃图库"），长五六丈，高六尺，下在水中犹如一道墙，鱼撞在网上就被挂住；圆锥网（赫哲语为"吉哈拉库阿迪勒"），长一丈，网口有五尺宽，捕鱼时，用船将网张开，在水中拉着；趟网（赫哲语为"它龙阿迪勒"），由汉族传入，用几片或十几片网合成，用船把网撒入江中，把鱼拦入网内。从汉族传入的网具还有扒网、旋网、圈网、咕咚网、铃铛网等。

↑ 渔民整理网具

↑ 收获颇丰

用于织网的原料，早先是就地取材，用柳树皮纤维织网线，椴树皮纤维织网纲，线麻织网片，黄泥掺白浆土做网坠。随着社会的变革，生产力的提高，出现了用棉线织网，用松木做漂子，比原先的织网滤水快，抗腐烂，网拉起来较轻便。如今，织网采用胶丝、锡做网坠，尼龙丝做网纲和网线，塑料管做网漂，比过去又前进了一大步。

捕鳇鱼

在稠李子开花的5月，在黑龙江畔的赫哲渔村街津口的滩头网点，常常看到赫哲渔民捕捞到一条条少则三四百斤，多则五六百斤重的大鳇鱼。

鳇鱼，赫哲语名为"阿真伊玛哈"，是黑龙江中一种极贵重的最大型鱼类，最大体长5米多，重达1000多公斤，其勇猛力大，体形雄伟优美，是赫哲人崇尚的鱼王图腾。

早年，松花江、嫩江、牡丹江、黑龙江、乌苏里江都有鳇鱼出产，但在松花江与黑龙江合流江段的同江三江口以下的黑龙江街津口渔滩和下游所产居多。早在金代，鳇鱼就已是黑龙江流域各民族向中原王朝进贡的珍贵礼品了。到了清代，鳇鱼更是每年向清廷必进的贡品。据民间文艺家尤志贤介绍，乾隆皇帝对这种鱼非常熟悉，曾写过一首《咏鲟鳇鱼》的诗："有目鳏而小，无鳞巨且修。鼻如秒翁戟，头似戴兜鍪。一雀安能啮，半豚底用投。伯牙鼓琴处，出听集澄流。"（《黑龙江文史资料》第1辑，黑龙江人民出版社，1962年6月第1版）鳇鱼身体虽很大，无睑的眼睛却很小，只有绿豆那么大，金灿灿的，昼夜放射出夺目的光芒。它没有体鳞，有尖长的鼻子，铁甲般坚硬的头下是盆样的大嘴，两鳃很大各在头部两侧，略平的腹部呈乳白色，头

↑ 捕到大鳇鱼（1963 年）

部、背部两侧及尾部为灰黄色，双鳃后两侧各长一硕大分水翅，背部和腹部两侧各有一条锯齿形的坚硬锋利的鳞片，尾部恰似飞机舵。鳇鱼的整体从侧面看形似飞机。鳇鱼通常在水流汹涌的黑龙江中自由活动。它力大无比，在它发现其他鱼类时就摆动尾鳍迅速追赶，张开大口，几十斤重的鱼儿便可一口吞进肚里。鳇鱼平时静卧江岸下深町陡坎的流石上，一动不动，时间长了，泥水杂草便覆盖在它身上，像形状奇异的"巨石"；待鱼群从"巨石"旁经过时，它就会突然一张大口，将鱼群吞进肚里。

渔民捕捞鳇鱼的工具，一种是鳇鱼钩或鳇鱼叉，一种是绞丝网具。20世纪40年代以前，鳇鱼多得满江露脊而游，赫哲渔民用鱼叉叉鱼；20世纪60年代以后，赫哲渔民或用网捕，或钩捕，每天都有几十条的收获。20世纪80年代，鳇鱼每斤2元；90年代，鳇鱼每斤十几元，鱼肉制成罐头食品，供应高档宾馆食用，鱼子每斤出水价400—500元，鱼子加工后出口；21世纪初，鱼肉每斤80—100元，鱼子每斤2000多元不等，销往欧美国家。随着时间的推移，鳇鱼资源日益稀缺。

关于鳇鱼名字的由来还有一个传说。从前有个叫额托力的渔民，用鱼叉叉中了一条大鱼。村里的渔民听说后，都赶来看稀罕，可是这鱼谁也叫不上名来。赶巧这时来了一只京城收贡品的皇船，差官一见大鱼，眉开眼笑，立即让额托力运到京城。

皇上见额托力远道送来大鱼，心中大悦，问："你这勇敢的打鱼人，怎会捕得如此天下稀有的鱼种？"额托力一五一十地讲了一遍，接着说："这条鱼还没个名呢，请皇上给起个名吧！"

皇上正乐得神采飞扬，赶忙提笔，在宣纸上先写了个"鱼"字，然后皱皱眉头，随手又写了个"皇"字。写完，皇上抬头对额托力说：
"朕见此鱼，非同一般，称得上鱼中之皇，往后就叫它鳇鱼吧！"

据说，中华人民共和国成立后，街津口赫哲渔民曾打上一尾大
鳇鱼，大鳇鱼重达1100斤，用三只渔船并在一起运回了渔村。这
条3.5米长的鳇鱼装上"解放牌"汽车时，它的尾巴还露在车厢外
面呢！

↓ 开江第一网，捕到鳇鱼

叉捕

早年，赫哲人的捕鱼工具和方法比较原始，主要是用鱼叉叉鱼。鱼叉，赫哲语称"卓布固"，小型的鱼叉叉鲤鱼、草根、鲶鱼、怀头、胖头等鱼。虽然这种工具笨拙，方法原始，但赫哲人对鱼的习性了如指掌，叉鱼技术娴熟，叉鱼也能捕获大量的鱼，而且能捕获大鱼。叉鳇鱼的鱼叉叫作"阿真卓布固"，装有活叉柄，带有二丈长的马尾绳，用怀头鱼泡作漂，待叉到千斤大鳇鱼时松放，等鱼挣扎

↑ 赫哲渔民在叉鱼（1963 年）

↓ 赫哲渔民尤金玉叉捕鲤鱼

无力时提出。在长期渔业实践中，赫哲人深谙鱼的习性，能够根据鱼在水中游动激起的波纹，准确无误地判断出是什么鱼，再根据鱼的习性决定怎样叉：水面有圆圆的水波纹或连接有小白泡的是鲤鱼；水纹朝两边分开的那是草根鱼；水中草叶在摇动，水波纹急且小的那是胖头鱼，等等。

不仅上千斤的大鳇鱼能用叉捕获到，而且"麻勒特"（逆戟鲸）也照样能用叉擒住。据老渔民讲，在赫哲族聚居地区东北海口的"麻勒特"，长一二丈，大一二围，如江豚，其头有孔，孔中喷水，高一二丈，訇然有声，可闻数里。每风浪大作时，有赫哲渔人乘舟扬帆，待鳇鱼出水时，以叉叉之，叉尾系以长绳，俟鱼力困惫，牵至江沿，或售或食，不敢携入室中，恐有神祟。

钩捕

钩捕，也是赫哲族早期捕鱼的一种方法。因为缺少铁器，多用坚硬的榆、柞等木做钩柄，顶端安上铁钩，拴上石坠。钩捕主要有甩钩、暗钩、滚钩。

甩钩（赫哲语为"雅克拉"），适宜在水深流急中捕鱼。渔者站在船上或石砬子上，举起长杆子把钩甩向水流的上游，用力往下游拖拽，用钩钩住鱼，然后将钩提起再摘下鱼。为防止被鱼拖下水，渔者腰上系着绳子拴在船上或树上。

暗钩（赫哲语为"合日葛依勒固"），是在江河中钉木桩若干个，各桩连以横索；其上扣以暗钩，而且钩排得很密，鱼过则被钩住。渔者每隔一定时间乘坐桦皮船到江里摘钩取鱼。

滚钩（赫哲语为"科日斯克"）的制作方法很复杂，钩用铁丝特制而成，将钩密密地拴在钩纲子上，钩纲子每隔几十个钩拴一个漂（树皮或铁盒），再把钩纲卷成一个个圈，在圈里串上木杆，这就成了一杆子钩。把几杆子钩连成一体成为一趟，撒放到水流平稳的江滩边，用石块绑住沉入江底。这种钩密度大，捕鱼量大。尤其是当鳇鱼游到滚钩处，遇到漂返身时必然以尾击钩而被钩住，其他钩随即又钩上，鳇鱼越动身上挂的钩就越多，以致动弹不得。

↑ 打冬网"遛鱼"

↓ "撅达钩"上鱼了

冬钓"撅达钩"

　　街津口赫哲人的冬钓充满了北疆情趣，在零下三十摄氏度的严寒里，在像镜子一样光滑的江面上，穿皮衣、戴皮帽的姑娘、小伙和老人，手拿"撅达钩"，不停地放进冰眼，猛向上提；鱼在水中误以为钩是小鱼，张口咬住即被提出水面，扑腾几下就冻僵了。

　　赫哲老人中流传着一则关于冬钓的传说。很早以前，每到大江一封，渔民就再也捕不到鱼了。有个叉鱼能手叫苏布格，为了部落生存，不畏艰难去找鱼群。一天，他抓了一条金翅罗锅鲤鱼，问这条鱼："天一冷，你们都躲到哪里去了？"鲤鱼回答："每年霜

↓ 居室中的渔具

降后，黑龙要到东海龙王那里去拜寿，把我们一个个关进龙宫，直
到来年开江。"苏布格去找黑龙理论，并战胜了它，让它放回了鱼
群。从此，即使冰冻三尺，只要在江面上凿个冰眼就能钓到鱼了。

　　赫哲人冬钓的工具有冰镩、鱼钩。用冰镩打出冰眼，捞出冰
块，就可以下钩。一般一只手可同时拿3个钩，两手可拿6个钩，
在6个并排的冰眼中钓鱼。钓到的鱼多数是狗鱼、细鳞、哲罗等冷
水鱼类。老年人冬天钓鱼喜欢坐"冬库"，就是在冰面上搭个草
棚或木板房，里面凿一个2尺多宽的方形冰眼，人可以坐在房里烤
火，等候鱼游过来自己上钩。用这种方法常可以钓到大鱼。

　　冬钓充满了乐趣。赫哲人钓到鱼后架起篝火，一边烤鱼饮酒，一
边听唱神奇的赫哲族英雄史诗伊玛堪，辛苦过后的赫哲人便陶醉了。

↓ "撅达钩"挂鱼

冰上铃铛网

　　据老渔民说，过去赫哲渔民在露天的江面上下冬网捕鱼，不断地从冰眼的水中往外拽网，手从水中出来被刀子一样的寒风吹得生疼，手立刻就挂上了一层冰蜡，疼痛难忍。

　　现在，赫哲渔民可以在温暖如春的屋子里捕鱼了，屋里半截柴油铁桶架在冰槽子一端的冰上，烧得通红，在这个简易的炉子上，放着一口大锅，一举两用，又是炉子又是锅灶，这使捕鱼条件改善了很多。

　　街津口赫哲渔民潜心研究各种鱼在冬季的习性，发现冬天以狗鱼和雅不赤哈鱼居多，且这两种鱼尤喜贴边逆水上游，于是他们利用这两种鱼的特性发明了能在温暖的屋子里捕鱼的铃铛网。贴边逆水而上的狗鱼、雅不赤哈鱼遇到阻碍的网障子就自然顺着网障子向里游，想绕过这个网障子，然后继续往上游。当它游入网筒时，鱼尾弹挑了七根丝线，拴在顶上的铃铛便发出叮咚的铃声。这时冰上看线的渔民就知道进鱼了，立刻拽绳锁口，向上提网口丁字形网杆，待徐徐把网升到水上冰下时，再拽筒网后端，待把鱼放到冰上时，解开后堵取出鱼，然后下杆放绳把网重又放回江底，摆顺七根丝线，恢复待鱼状态。

　　铃铛网构造科学合理，奇趣横生，比盲目下冬挂子网准确、稳实，而且可以白昼和黑夜连续不断地捕获，正常情况下，一天一宿能捕四五百条千余斤的鱼。这里鱼多得放下网眨眼工夫就又挑线了，渔者几乎不停闲地拽网起鱼。一般是由两人白天黑夜地换班看这七根丝线，常常熬红了眼也不觉乏累。

二十四节气渔捕歌

赫哲族在长期的渔捕生产实践中，逐渐熟悉自然环境、季节变化及生态的演变，并结合渔捕生产的特点，形成了他们独特的天文时令知识。赫哲族对季节变化非常敏感，能够清楚地认识到每一个季节的显著特征，这对于一个渔猎民族来说，不仅是一种对气候知识的认识能力，而且是一种生存和发展的能力。人们要根据季节的变化来准备和从事生产，而一旦误了时令，就会直接影响人们的温饱。

↑ 开网起鱼

↓ 钓鱼台冬渔

↑ 鳇鱼钩

↑ 渔滩

很早，赫哲人就学会了根据天象和物候的变化预测天气和年成。据说，如果十二月和正月看南斗星和它西边的那颗小星星离得远，当年的水就小，离得近当年的水就大；鱼露出水面呼吸就要变天；烟袋杆里烟油子呼噜响就要下雨，等等。

在捕鱼期，赫哲人还根据江面蛾子的变化和某些鱼的活动来确定比较准确的时令：每遇江面花蛾变白蛾时，时值五月，送"麻勒特"（逆戟鲸）、"乌互路"（孟苏大马哈）入江；江面青蛾初起时，时值六月至七月半，送"七里性"（驼背大马哈）入江；江面小青蛾再飞时，时值七月半至八月底，送"达嘎"（秋大马哈）入江。

赫哲人正是依据这些天象和物候来及时安排渔猎生产和日常生活的。

汉族的"二十四节气"习俗传到赫哲族聚居地区后，赫哲人对时令的认识更清楚了，其渔捕生产的各种期限和准备工作日益准确。街津口伊玛堪歌手尤金良将二十四节气与渔捕生产相结合，编出了《二十四节气渔捕歌》：

立春棒打獐，雨水舀鱼忙。

惊蛰忙织网，春分船验上。

清明草芽水，谷雨开大江。

立夏鱼群欢，小满鱼来全。

芒种鱼产卵，夏至把河拦。

小暑胖头跳，大暑鲤鱼欢。

立秋开了网，处暑鳇鱼上。

白露鲑鱼来，秋分鱼子甩。

寒露哲罗翻，霜降打秋边。

立冬下挂网，小雪挡冰障。

大雪钓冬鱼，冬至修理网。

小寒和大寒，渔具准备全。

鱼篓鱼满肉满迎新年。

（引自《赫哲族拾珍》，尤金良编著，佳木斯市文学艺术界联合会，1990年内部出版）

↓ 打冰眼

　　早年，赫哲人靠着狩猎野兽换取生产生活资料，这不仅改变了赫哲人"衣其皮、食其肉"的生活条件，而且大大促进了狩猎经济的发展。街津口三面环山一面临江，本身就是好猎场。赫哲族猎人发挥自己的才能和智慧，就地取材，自制猎具，呼啸山林。虽然，如今赫哲族的狩猎业已由养殖业代替而处于从属地位，但是狩猎依然是赫哲人依稀的梦境。

↓ 密林围猎

第五章

远去的
狩猎传奇

猎鹿

　　鹿，赫哲语叫"库玛卡"。鹿的全身都是宝，鹿血、鹿胎、鹿鞭、鹿心、鹿角都可以入药，尤其是鹿茸，更是名贵的中药补品，鹿皮可做衣物，鹿肉可食。因此，猎鹿是赫哲人狩猎活动中的一项重要内容。

　　猎鹿是有季节性的，农历三月到五月猎鹿，主要目的是猎取鹿茸，叫作"打红围"；六月以后鹿角长成变硬，变成了干叉子，因此六月以后猎鹿叫"打干叉子"。鹿是一种非常机敏的动物，视觉、嗅觉、听觉都很灵敏，行动也迅速，不易捕获。赫哲人摸透了鹿的习性，创造了实用的捕猎方法。

↓ 猎鹿工具——伏弩

　　"打红围"的主要方法是"群围""卡鹿道"和"蹲碱场"。

　　"群围"，也叫"圈围"或"赶围"，即合伙围攻。这是一种集体狩猎方法。在鹿群活动的地方，一两名枪法好的猎手埋伏在易于射杀的地方，其他猎人从四面包围，将鹿向枪手埋伏的方向哄赶，由枪手将鹿全部射死。"群围"时猎人越多越好，人少是围不住的。

　　鹿喜欢吃水生碱草，每天晚上都从山上下来吃碱草，黎明时返回山上，而且每天走同一条路线，天长日久就走出一条很光滑的道路。根据鹿的习性，猎人选择最有利射击的地方，埋伏在鹿常走的道路附近，等鹿趁月光下山或回山时瞄准射杀。也有猎人乘船埋伏在江、河的汊子中，等鹿来吃水中的青草、藓苔时猎取。这就是"卡鹿道"。

　　"蹲碱场"，是利用鹿喜欢到碱场吃碱草的特性而猎鹿的一种方式。鹿喜欢吃碱草，每天晚上都要去吃。猎人根据鹿的习性，在白天事先选好射击的地点，于有月光的夜晚在碱场的下风向挖坑蹲守，穿着狍皮衣服，戴着狍皮帽子，把自己伪装起来，静等鹿来碱场吃碱草时射击捕获。

　　"打干叉子"，主要采用"溜围"或"叫鹿围"两种方法。"溜围"是猎人发现鹿以后，悄悄地持枪匍匐前进，溜到离鹿很近的地方瞄准射击；"叫鹿围"是利用农历八月鹿的发情期，公鹿、母鹿互相呼唤的习性，赫哲族猎人用桦树皮卷成"鹿哨"，模仿公鹿的鸣叫声，吸引成年的鹿前来求偶，猎人即可以轻松地猎获它。

　　过去，人们猎鹿主要是为了获取鹿茸和鹿胎，这是很贵重的补药。

　　在街津口流传着一则关于鹿姑娘的传说，讲的是一个猎人上山打猎，遇到一只受伤的鹿，猎人给鹿治好了伤，鹿姑娘感谢猎人，嫁给猎人做了妻子，可是后来猎人听信谗言，烧了妻子的鹿皮，伤了她的心，鹿姑娘又重新回到大森林里去了。

现在，街津山中野鹿很少，已经禁猎。鹿茸和鹿胎等药物主要靠人工养鹿场加工制取。

猎熊

熊，赫哲语称作"玛夫卡"，当地汉族人叫它"黑瞎子"。

熊有两种：一种叫"狗驼子"，身躯短小，大者不过三四百斤，胸前有白毛，机智灵敏，能爬树，住在树里，俗称"天仓"；另一种名为"马驼子"，又称"罴"，身大体重，笨而有力，力能拔树，敢与老虎相斗，住岩洞或草窝中，俗称"地仓"。

在赫哲人那里，熊胆是很珍贵的中药，能治眼病和其他多种疾病；熊皮防潮，冬天上山把熊皮往雪地里一铺，就可当床睡。熊有"蹲仓子"的习惯，在树洞中冬眠，不吃食物，只是舔掌。猎犬嗅到熊在树洞中时，猎人先用两根大木棍，将洞口交叉堵住，使熊从洞口出不来；然后从树干下边砍个窟窿，诱使熊从窟窿里出来；它如果不出来，可将擦枪破布扔入洞中，熊受不住枪油气味，爬出树洞时，用枪击毙。

早年，赫哲人普遍存在熊图腾崇拜，他们认为熊与自己有着一种血缘亲族关系，熊是绝不能捕猎的。随着时间的推移，猎熊的禁忌逐

渐废弃了，但赫哲人猎到熊后却要举行一种
特殊的仪式，来向熊道歉以寻求猎人心理上
的平衡。

↑ 黑熊

赫哲人发现了熊穴后，绝不一个人去
捕获，而是去召集同一氏族的人或亲属及
熟人共同来捕获。发现者带领一伙猎人来
到熊穴后就退到一边，年长者站在前面，
他们引熊出洞，大家手持"激达"（猎
枪）和弓箭等候。当熊出洞时，年长者首先向熊发动进攻，举枪刺向
熊的咽喉白毛处，若没刺中，大家就一拥而上将熊刺死。如果离村子
近，可将熊运到村子里去，而在大多数情况下猎人就地将熊吃掉。

宰熊须完全按照古老习俗进行。发现熊的人首先把刀子刺进
熊的肚子，开始剥皮，其他人按长幼依次把刀刺进熊的肚子，帮助
剥皮；取出内脏和剥完熊皮后，开始分配猎物。本着先发现、先享
受、多分成的原则进行分配，发现者分到头、掌、肝、心、脂肪、
后半个熊身和盐，其余部分大家均分。随后发现者就地举行食熊宴
会。他将分到的熊肉用铁锅煮上，一口锅煮头，一口锅煮肉。猎人
们围坐火堆旁，发现者用专门的木盘盛着熊头，让熊嘴朝自己，恭
敬地跪着捧到最长者面前。长者剔下一块肉后，说道："老天保佑
你打到另一只熊。"接着开始喝酒，还是先敬长者。发现者依长幼
敬请所有人吃肉喝酒。当发现者敬到每人时，都要说出祝愿的话。
大家尽情地喝酒，大口地吃肉，不时地喝熊脂汤。宴会后，嘴唇要
用柔细的树枝擦净，把熊骨与擦嘴的树枝捆在一起，发现者将其高
高地挂在树上，还说道："我们和你相处得很好，不是故意杀死

你，而是误杀，不要降祸给我们，让我们今后打到更多的野兽。"赫哲人认为，用这种仪式和敬语讨好熊，就能得到谅解，使自己得到解脱。妇女从来不参加熊宴。

流传于街津口的民间故事"玛夫卡的传说"讲：早先，有个老猎手，他有两个儿子，一个叫玛夫卡，一个叫莫日根。一次上山打猎，弟弟莫日根一口气用扎枪扎死八头黑熊，和第九头黑熊同归于尽。而哥哥玛夫卡临阵逃跑，在山里迷了路，一直在树林里转，天长日久，身上长满了厚厚的一身黑毛。后来，打猎的碰到玛夫卡，玛夫卡想跟猎人打招呼，可是他已经把语言忘光了，只记住了自己的名字，比画着说："玛夫卡！玛夫卡！"从此，人们把熊叫玛夫卡。打猎时碰到熊，都不用枪打脑袋，也不随便用刀抹脖子了。

打狍子

狍子，赫哲语叫"给有陈"，是赫哲族猎取最多的野兽。狍肉可食，狍皮可做衣料、被褥等。街津山里狍子多，猎狍子多在农历八月以后，此时狍子皮毛长、绒细、皮板厚，质量最好。猎狍子有多种方法。

一种方法是"卡狍道"。狍子不像鹿那样只走一条路线，它喜欢沿着草甸子的边缘行走，因此猎人不能死守一处，要沿着草甸子寻找狍子。狍子比较粗心，不够警惕，听到响声不立刻逃命，还要抬头观察一番，因此人们称之为"傻狍子"。在它受惊抬头观望的时候正是射击的好时机，因此猎人在猎捕狍子时要大吼一声，等它抬头时射击。

另一种方法是"下套子"。在狍子经常走的道路上，或于白菜地里下套子，把白菜或洋草等狍子喜欢的食物绑在套子的消拴线上，引诱狍子来吃。狍子吃诱饵时扯动消拴线，翻车滑转，套子抛出，套在狍子的脖子上，将它捕获。

第三种方法是"撵狍子"。农历二三月间，积雪的上层经过昼夜反复融化与冰冻后，形成了一层薄薄的冰盖，狍子走在上面一步一陷，冰盖将狍子腿卡破，使它不能快跑，猎人可以趁机追赶，并用棒子打死狍子。每年开春，就会听到街津山上人喊犬吠的，狍子满山乱窜，有的就闯进村里来。1957年，尤邦才的媳妇在家门口的菜园子里就抓到一只傻狍子。

此外，还可以用溜围、狗撵狍子、划船撵狍子、下陷阱、下捉机、用铁圈套等方法捕获狍子。

↓ 秋季的狍子

抓獾子

獾子，赫哲语称作"多罗孔"。獾子肉可食，皮可做褥，獾子油可疗烧烫伤。猎獾子是在农历八、九月以后，此时獾子的皮和绒毛各半，皮板厚。

獾子是一种聪明的动物，獾子洞既深又长，纵横交错，洞门多，岔道也多，结构复杂，捕捉獾子要与它斗智斗勇地较量一番。

降雪后，獾子入洞冬眠。猎人找到獾子洞后，要细心观察獾子的行踪，如果它已经出洞，就下卡子捕获；如果獾子在洞内，立即挖洞捕捉。獾子很机敏，当它发现猎人挖掘的方向后，立即堆土堵住通道，并用臀部将土夯实，以迷惑猎人。猎人一边挖，一边用木棍探测，毕竟新夯的土不会很牢固，容易被捅破。挖洞要挖到尽头，用带杈的木棍将獾子拧出来，或用铁钩子把獾子钩出来。如果洞穴很深，一时挖不出来，还可以往洞口灌烟，将獾子熏出来。

獾子是群居动物，一洞之内可捕获少则三四只，多则十几只。

↑ 抓獾子

打鼬鼠

鼬鼠，赫哲语叫"索列"，又叫"黄鼠狼"，民间也俗称它为"黄皮子"或"黄芯子"，是一种灵活敏捷的小动物。它的皮称"元皮"，是一种质量很好的毛皮。赫哲人猎取鼬鼠主要是为了取皮，鼬鼠皮给赫哲人带来的收入很可观。冬季落雪以后，鼬鼠的毛皮质量最好，捕鼬鼠多在这一时期进行。立春以后，毛皮质量下降，也就不捕了。

捕鼬鼠的方法有多种：狗撵，发现鼬鼠后放猎犬追捕；瞄踪，冬季降雪后，鼬鼠外出活动，会在雪地上留下脚印，猎人发现脚印后，急撵或放猎狗追赶；下卡子、下碓板，这两种机关是捕捉鼬鼠的专门工具，此外还可以下夹子、窟窿箭、捕貂网等；挖洞，鼬鼠在洞中时，可以挖开它的洞穴捕捉，挖鼬鼠洞首先要用一些杂物将洞道堵严，防止鼬鼠在挖掘的过程中从缝隙中逃窜。

↑ 下捕鼬鼠夹

捕貂与贡貂

貂，赫哲语称为"涩玻"。貂是著名的毛皮兽，捕貂在狩猎生产中占据了主导地位。貂皮是东北三宝之一，又轻又暖，在清代是进贡的贡品，而且是赫哲人对外贸易的重要商品之一。

↑ 紫貂

貂生性胆小，大部分时间都是深藏在树洞里或穴窝中，昼伏夜出。貂身体灵巧，跑得快，能爬树。

貂的种类很多，精华在其皮毛，其中紫貂为上品；毛长三寸的"千金白"，也称雪貂，最为名贵。冬季，貂的皮毛丰厚，气候愈寒毛色愈纯，毛质愈佳。捕貂的季节在农历十月至十二月，这时貂皮质量最好，而且也容易在雪地上发现貂的踪迹。捕貂也是赫哲族冬季一项重要的狩猎生产，根据貂的习性，可采取网捕、碓捕、射貂、撵大皮、撵皮子等多种猎貂方法。

网捕 下捕貂网是捕貂的主要方法。捕貂网，赫哲语称"乌库"，是用麻绳织成的细长的网，网口直径约17厘米，网身长170厘米，网身用几道圆木环撑开，像一个圆形的洞，一头留口，一头封死。如果确认貂在洞内，就可将捕貂网下在土洞口或树穴口，用烟熏的方法，将貂赶出洞。貂从洞中出来时，就钻入网内，网中木环转动，将貂堵在网内。猎人赶来用木棍将貂打死，或将貂摔死，然后取出。为了使毛皮完整，出色的猎人捕貂时，从不用猎枪和弓箭。清代方登铎的《打貂歌》写道：

　　打貂须打生，用网不用箭，用箭伤皮毛，用网绳如线。

　　犬逐貂，貂上树，打貂人立树边，摇树莫惊貂，貂落可生捕。

（《黑龙江文史资料》第1辑，黑龙江人民出版社，1960年6月第1版）

　　碓捕　碓板，赫哲语称之为"固林克"，也是专门捕捉貂的机关。碓是在倒木上支设压杠（圆木），用支棍、挑杆、拉绳等支设起来，拴上诱饵，放在貂经常出没的通道上。貂误食诱饵，触动机关，即会被捕获。此法一般是在寒露至霜降期间，貂为捕捉灰鼠多在树木上穿行，置碓于倒木，获貂最多。不过大雪之后，貂便不登倒木觅食了，碓亦因冰冻凝滞不灵，猎人也就起碓改用他法了。

　　射貂　这是借助弓箭的一种捕貂方法，有下窟窿箭和下地箭两种。这两种猎具都无须人操作，是借助于机械的力量自动发射的狩猎装置。弓箭是赫哲族早年的狩猎工具。在铁器传入赫哲族地区之前，箭头用坚硬的石头制成；铁器传入后，箭头改为铁质。

　　窟窿箭，是把弓箭安放在一块带窟窿的木板上，箭后有弓弦，窟窿处有机关，多用于捕貂等小动物。将窟窿箭安放在貂的洞口，貂活动时踩到箭上的机关，发条将箭弹射出去，每箭必中。

　　地箭，也称"伏弩"，其结构与弓箭

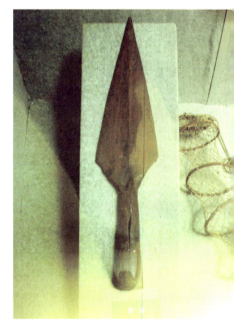

↑ 猎具"激达"

一样，在貂常走的路旁，将之隐蔽地设置在树干上或木桩上，弓弦拉满，由弓弦处牵出一根细线，横拦在貂出没的路上；当貂经过这里碰到细线时，箭就自动发射出去，射中貂。

由于窟窿箭和地箭会使貂的毛皮上出现箭眼，影响貂皮价格，所以一般不用这两种方法捕貂。

撵大皮　先是寻找貂的足迹，并根据貂有觅食归来寻窝的习性，在出现貂的地方搭起个"小屋"，并夹上障子，然后才开始追赶，这就是"撵大皮"。

夹捕　夹子是从俄国和我国汉族地区传入的，铁夹子有大有小，小夹子用来捕捉野鸡、鸟雀等；大夹子可以打到貂等动物。赫哲人早期使用的夹子是木质的，后来传入铁夹子，铁夹子有双发条的，也有单发条的。把夹子下在貂经过的路上，不用诱饵就可将之捕获。下夹子要有丰富的经验，捕貂要下秋水夹子，把夹子埋在河滩上，上面插一根鸡毛，貂一见以为沙土中有物，前来扒土，就会被夹住；把夹子下在水中，用鱼或肉做诱饵，也能捕获貂。

闸捕　闸是把一根空心树干剖成两半，在其中一半上凿一个圆眼，压一根木桩，另用一根大木支撑，貂等动物碰到拴线，大木落下将之压死。

撵皮子　用犬追撵是最主要的捕猎方式，赫哲人称之为"撵皮子"，猎犬是撵皮子最得力的工具，可以帮助主人寻找、追踪野兽，可以直接捕获体型较小的动物。赫哲人狩猎猎物中有一大部分用于商品交换，如貂等细毛兽，以取皮毛为主，为了保持兽皮的完好无损，一般不使用枪支，设各种陷阱并用猎犬追撵是最主要的捕猎方式。

虽然大多数情况下，从事狩猎活动的是以男子为主，但女性有时也在离家近处捕貂等小动物。据老年人回忆，早先在街津口，女性也善伏弩捕貂，衣帽多以貂为主。

赫哲人猎获的皮张可分为两种：一种是细毛皮，一种是粗毛皮。细毛皮有貂皮等，粗毛皮有熊皮等。细毛皮价格昂贵，大部分出售，少部分自己使用。不同的皮张以及用于不同用处的皮张，赫哲人会采用不同的鞣制方法。

将皮子用木刀从野兽身上剥下来，先将皮子晒干，越干越好，然后对其进行处理。对皮子的处理有两种，一种是熟，一种是制革。所谓熟，就是将皮子熟软，铲刮掉皮板上的硬结和杂物；所谓制革，就是将毛皮变成白皮板，先去毛，然后对皮子进行鞣制。

↑ 练习弓箭射击

而对于貂皮等细毛皮来说，其熟制方法则较为简单，只需将皮子晒干，把皮板上的脂肪刮净，然后在皮板里侧撒一层木屑，卷起，用木铡刀轧或用木槌捶，这样皮板上的油渍便被吸入木屑中，皮板变得非常干净、柔软，用手揉搓皮子，即成绵软的皮张；然后，将皮子放在开水锅上用蒸汽熏，边熏边抻，如此则皮子伸展开来；最后用糠将皮子上的潮气吸干即可。

"贡貂"与"赏乌林" 根据清政府的规定，凡是被编户的赫哲人，每户每年都必须向清政府贡纳一张体大、毛厚、色匀的优质貂皮（以黑色貂皮为上品），这就是"贡貂"。只有在贡貂之后，赫哲人所带来的其余毛皮，才可在集市上进行交易。

　　所谓"编户"，就是清政府按血缘（姓—氏族）和地域（乡—村屯）的原则，将赫哲人分为若干氏族，每氏族下再分为若干乡，任命当地赫哲人为氏族长（赫哲语为"哈拉达"）和乡长（赫哲语为"噶珊达"）而加以管理。

　　为了笼络前来纳贡的赫哲人，清政府对纳贡者都要给予回赐，这回赐就称之为"赏乌林"，亦称"赏乌绫"。乌林，满语"财帛"之意。据资料载，每逢春暖花开时节，居住在"盖金"等地的黑龙江流域广大地区各部族的人们，或乘小船，或骑马，带着上等的貂皮，云集三姓（今黑龙江依兰），喜气洋洋地来"穿官"（缴纳贡品水貂，领取、穿戴朝廷赏赐的乌林）。在三姓，貂皮被晾干分成等级，集中打包、结捆，然后运往京城。

↓ 伏弩（1963 年）

打野猪

野猪，赫哲语称"聂赫特"或"科亚其克"。野猪一般重二百来斤，大的有七八百斤重的。野猪肉肥可食，皮可做靰鞡。

猎野猪多在农历八月以后，猎野猪时要携带猎犬，采用溜围的方法，溜到野猪附近时射击。野猪多是成群活动，最多一次可猎三四只。

秋季野猪还常到地里偷吃庄稼，人们就用柳条将这块地圈好，只留一个缺口，在缺口处挖地窖，地窖口用茅草和沙土伪装好，野猪进去偷吃庄稼时会陷入地窖中被猎获。

到了冬季，积雪厚的时候更容易猎取野猪，猎人脚穿滑雪板行动敏捷，而野猪陷在深雪中不易活动，猎人便可以追到近处将野猪全部擒获。

↑ 窟窿箭（1963 年）

↑ 猎人安装捕兽器具（1963 年）

逮貉子

貉子，赫哲语称作"耶特库"。貉子是一种软弱无能的动物，赫哲人又称它为"孬头"。捕貉子主要是取皮，貉子皮是赫哲人的一项重要收入。根据不同季节，貉子皮可以分为"水秋""大秋"和"成皮"三种，白露到霜降称"水秋"，皮子质量最差；霜降到立冬称"大秋"，皮子质量较好；立冬以后称"成皮"，皮子质量最好。貉子肉可以食用，貉子油可以照明或做鞋油。

↑ 海东青猎狐

猎貉子多在农历十月到十一月，可得到上等好皮。冬至以后无人撵貉子，因为貉子进入了冬眠期，猎人不易找到它。

貉子住洞，但它们不会挖洞，多半住在獾子废弃的洞穴中，或寄居在獾子洞的洞口处，所谓"一丘之貉"即由此而来。赫哲人谚语说："貉子成双不拆帮，獾子成对难分离。"貉子平时总是公母结伴活动，形影不离，因此猎人常常同时捕获两只。

貉子跑得慢，徒步追赶或放猎狗就可以撵上，因此捕貉子使用猎犬是最方便的，只要找到貉子的脚印，猎犬追上去就可将它捕获。

狩猎习俗

　　猎人使用的交通工具是滑雪板，赫哲语叫"刻雅奇刻"，穿上它行走如飞，比骑马都快。滑雪板用约二米长的硬木板做成，宽约十厘米，厚一厘米，两头薄，中间厚，前头尖形翘头大，后尾梢上翘，中间两边有钻眼，用厚兽皮做成脚套子，把整个穿着靰鞡的脚套进去即可行走。

　　猎犬，是猎人狩猎的好帮手，赫哲语叫"音达"，猎犬也被叫作"围狗"。出猎时，猎人与猎犬一起拉着雪橇走，回来时，猎犬拉雪橇载着猎物和主人。打猎时，猎犬帮助主人追捕猎物、寻踪、嗅洞等。

　　下闸，赫哲语称"霍发"，这是用来捕捉鼬鼠或貉子的固有工具。这种工具比较简单，它是用五十多厘米长，比所捕动物略粗的空心木，上部中间横向凿一个扁口，然后做一个木闸放进扁口里做成的。这种工具闸面向上，放在洞口，闸柱上压一根树干以加重量，再把闸提起，用机关销卡住，等动物出洞通过闸筒时碰掉机关销，闸落下，即可卡住猎物。

↑ 架设枪架

↑ 梅花鹿养殖场

↑ 猎人进山

↑ 貂皮

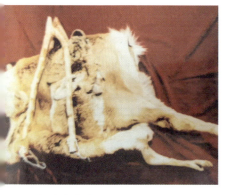

↑ 狍皮背夹

狍皮筒，是猎人露宿野外时常用的，是用绒毛较长的狍皮做成的长筒被子，形似口袋，在开口的一头，缝上几根皮条，人钻进狍皮筒内，系紧皮条，枕着皮帽，身旁燃起一堆篝火，就可以安安稳稳睡觉了。

赫哲族早年多是集体狩猎，因为猎具落后、人少，会被野兽伤害。在狩猎时，他们通常会选一名年岁大、狩猎经验多、熟悉地理环境、办事公正的人当把头（赫哲语为"劳德玛发"），一切狩猎活动都得听把头的，猎人之间发生纠纷，也由把头出面调解。

赫哲人认为，山林中的一切动物都由山神和林神所饲养，能否捕获到猎物及捕获多少，均取决于人们对山神和林神的态度。因此狩猎也要进行祈祷，每到一个新的猎场，由一名狩猎有术、勇敢机智的把头领着众伙计给山神爷磕头，在树上挂红布，插上几根在篝火中烧剩的冒烟的木棍当香火，在地上供一些食物，用手指往空中洒一点酒，嘴里向山神爷叨咕："保佑我们打围顺顺当当，多得猎物。"

猎人进山狩猎，必须遵守规矩，不许说怪话和谎话；遇到树桩子不许坐，认为那是山神爷的座位；在山上遇脚印，不许踩，要绕道走，否则就会被认为不遵守山规，不尊重别人。

进山打围时，如果遇到猎物，无论这只猎物后面是否有其他人追赶，都可以去捕杀。捕获到猎物后，如果前面的人尚未把猎物背起来，后面的人赶了上来，那么就要分一份给追赶上来的人；如果捕到的猎物已经被背起来了，那么后面的人便一无所得。

在狩猎的帐篷里吃饭后，要把篝火堆管好，压住火；锅要扣得平稳些，吊锅子挂在树桩上不许乱摇晃，不许敲打有声的器物；用刀子翻锅、铲锅是绝对禁止的，否则认为是割断了打猎的好运气。

妇女不能坐或跨过猎枪、子弹和捕兽的各种工具。

狩猎中碰到不顺手时，到别人的帐篷里拿点食盐或烟叶，这叫偷点"顺当气"，再打猎时就会有好运气，能多捕猎物了。

"族有族法，山有山规。"这些风俗在街津口赫哲族猎人中代代相传，当作一种狩猎规则来遵守。

↓ 东北虎（摄于三江自然保护区）

赫哲族工艺美术极具特色。街津口赫哲族民俗工艺"五绝"因材质和内容的特异性而远近驰名,"五绝"包括鱼皮工艺、兽皮工艺、桦皮工艺、鱼骨工艺和风俗画,这既是美学意义上独立的工艺美术品,也明显地带有人类早期阶段自然崇拜、族标崇拜、神灵崇拜的印记。

↓ 赫哲族艺人剥取熟制鱼皮

第六章

民俗工艺
"五绝"

鱼皮服饰

　　鱼皮服饰，是素有"鱼皮部落"之称的赫哲族代表性造物，代表了赫哲族独特的渔猎文化，也是展示赫哲族文化特征的重要标志。鱼皮服饰已经列入国家级非物质文化遗产项目名录。

　　街津口区域特别寒冷，赫哲人以渔猎为生，衣着也十分特别，服饰以鱼皮、兽皮或桦皮为材料制成。赫哲族鱼皮服饰在赫哲民族文化传承中有着特殊地位与重要作用。鱼皮服饰是北纬45度以上区域内存在的特色服饰文化。虽然历史上众多民族都曾有过鱼皮服饰文化，但从清代至今只有赫哲族将之传承沿袭了下来。这种鱼皮服饰在国内各民族中是独一无二的，也说明了赫哲人利用自然服务

↓ 两件套鱼皮衣

于自己的能力。

街津口赫哲渔村会做鱼皮衣裤的赫哲老人尤文凤介绍了鱼皮加工的方法。

要做成一件好的鱼皮衣，首先要选择适合做衣服的鱼。在长期渔猎生活中，赫哲人积累了丰富经验，他们不仅熟知各种鱼类的习性，对不同鱼类的皮质也了如指掌。根据不同品种鱼皮的薄厚软硬，将它们分别用于不同种鱼皮制品的不同部位。鱼皮衣的主要原料是胖头鱼、鲑鱼、狗鱼、草根、赶条鱼的鱼皮。这些鱼皮质地柔软，做出来的衣服穿着舒适。而鲑鱼、狗鱼、捣子鱼等这些皮薄且韧性强的鱼皮，一般用作鱼皮线，缝制起来结实耐用。鲑鱼、哲罗鱼鱼皮通常被用来染上颜

↑ 着鱼皮衣的姑娘

色、剪成花边做衣服的贴边，或者做成装饰皮。鲤鱼的鳞片较大，鱼皮的花纹自然、清晰，可以用来剪成各种图案作为衣服的装饰材料。皮大且厚的怀头鱼皮结实耐磨，一般用作套裤、口袋及绑腿、鞋帮的原材料。

知道了哪种鱼皮适合做什么，就可以加工"布料"了。将剥下来的鱼皮绷紧，钉在墙上阴干，或是搭在木栅栏上晾干。

鱼皮晾干后即可进入下一道工序——熟制，这是鱼皮衣制作中至关重要的一步。熟鱼皮的原理是用反复捶打的方式让干鱼皮变得柔软，并且在熟制过程中去除鱼皮的油脂和鱼腥。熟鱼皮的人一般

缝制鱼皮衣

熟鱼皮专用工具

熟制鱼皮

鱼皮衣扣和补绣纹饰

都是坐在板凳上，将晾干的鱼皮卷紧放在专门的木槽中，用木斧捶打，使皮质变软，在鱼皮上间歇地撒上一些玉米面，以吸走油脂。

在街津口，还流传着"空库"（木槌）和"亥日根"（木砧）的传说。

早先，有对老夫妇，是黑龙江边远近闻名的熟皮子能手，当地的渔民和猎户都把皮子送去加工。想个什么法子把皮子熟得快一点呢？老太太反复琢磨着这事。一天，太阳升得老高了，老头还没有起炕，气得老太太把皮子往老头腿上一搁，举起拳头狠劲地砸了起来，不一会儿就把皮子砸软和了。老头起来一看，觉得有门道，找了两段木头，用斧子砍砍削削，做了一个木槌和一个中间呈凹形的木槽，那就是"空库"和"亥日根"，用它们熟皮子又快又好，就这样，熟皮子的方法一直流传下来。

由于鱼皮毕竟不同于普通布料，剪裁时并不是简单剪开即可，而是先要根据鱼皮本身的花纹走向、颜色深浅搭配好，然后再剪。这样缝制好的鱼皮衣才能图案左右相称，颜色协调，达到美观的效果。剪裁时还要根据人的性别、身材区别对待。

缝制衣服的线有的取自鱼本身，如鱼皮线；而有的线取自山上的兽筋，如狍筋线、鹿筋线。现在我们看到的鱼皮衣几乎都用现代棉线或尼龙线缝制而成。用线将事先剪裁好的各片鱼皮缝合，再缀上用鱼的脊椎骨磨制而成的扣子，一件鱼皮衣就制作完成了。

缝制出的鱼皮服饰种类有：两件套鱼皮衣裤，鱼皮长袍，鱼皮短衫，鱼皮套裤，鱼皮绑腿，鱼皮围裙，鱼皮袖带，还有鱼皮靰鞡等。鱼皮靰鞡是赫哲人捕鱼打猎的理想冬鞋，赫哲语称之为"温他"，俗称鱼皮鞋。

关于鱼皮靰鞡，街津口民间还有一个美丽的传说。

很久以前，一个外来的小伙子在街津口的巴彦玛发家做苦工，巴彦玛发是一个十分吝啬的人，总是绞尽脑汁地克扣工人们的工钱。一天，他送给小伙子一双鱼皮靰鞡，说如果两个月内，小伙子干活把靰鞡磨坏就给他工钱；如果磨不坏，就说明小伙子没干活，不给工钱。小伙子心想，自己每天需要做很多活，肯定能把靰鞡穿坏，就答应了。于是小伙子天天努力干活，可是靰鞡却丝毫没有磨损。眼看快到两个月的期限，小伙子十分着急。这时，一位姑娘偷偷告诉小伙子，鱼皮靰鞡是这里最结实的鞋子，既不怕磨，又不怕硌，穿是穿不坏的，但就是怕碰上热牛粪。于是，小伙子穿着靰鞡在热牛粪上踩了几下，第二天干活回来，靰鞡就被磨破了两个洞。巴彦玛发没办法，只好给了小伙子工钱。后来，小伙子和那位姑娘喜结连理，在一起辛勤劳动。

多年前，吴连贵和何焕章等赫哲老人把家里保存的鱼皮靴子拿给年轻人看，并介绍说，鱼皮靴大部分是用熟好了的怀头、哲罗、细鳞、狗鱼等鱼皮制成，穿时絮上柔软的乌拉草、猪鬃草，穿上狍皮袜子，用带扎好，既轻便又暖和。穿鱼皮靴，在冰道上和雪地上走都不打滑，还不往里灌雪。过去赫哲人外出劳动都穿它，但鱼皮靴不能踩过热的东西，正像传说里讲的那样，踩过牛屎、马粪就容易坏。如果是用未熟化的鳇鱼皮做的靴子，穿前需用水浸软，用完挂起来存放。

此外，赫哲人还用鱼皮制作手套、腰带和各式口袋等。这些制品多具有耐磨、轻便、保湿、不透水、不挂霜的特点，长期以来为赫哲人所钟爱。

兽皮服饰

如果说鱼皮衣代表赫哲文化的柔美，那么各种兽皮制品则体现了赫哲人擅长捕猎的英武之气。赫哲人爱吃鱼，擅捕猎，其服饰除鱼皮衣之外，很多都是用兽皮制成。这些衣服的原料主要取自狍皮、野猪皮、熊皮、鹿腿皮等。这些衣服一般都在狩猎、捕鱼或是出远门、运输柴草等重体力劳动时穿，其质地耐磨，又适合街津口的寒冷气候条件，结实而暖和。

用野兽皮缝制衣服，主要用鹿皮和狍子皮，狐狸皮、狼皮，野猪皮用得较少。早年，鹿皮衣较多。鹿皮衣质地柔软、光滑，穿起来非常舒适、美观。鹿皮服饰主要有鹿皮大衣、鹿皮背心及手套等。

过去，街津山上狍子特别多，而且容易捕获，因此狍子皮作为大宗皮货用得最多。用狍子皮主要做大衣、短袄、皮裤、帽子和手套等。狍皮被，赫哲语为"那斯胡尔萨"，是用绒毛多的狍皮缝制的长筒被子，形似口袋。还有用野猪、熊、狼、獾子等毛皮做的被褥，因这些毛皮具有防潮作用，又轻便暖和，不仅狩猎时必用，而且平时居家也做铺垫用。

狍皮头帽子，赫哲语叫"阔日布恩

↑ 狢皮猎装

↑ 狍头猎帽

出"或"考日本楚",这种帽子的做法是：把狍子头皮完整地剥下来，晾干熟好，将耳朵、眼睛缝补得与原样相似，用狍腿皮做一对帽耳缝上，用狍子毛锁好边，再用貉子或狐狸的尾巴皮缝上去。手巧的姑娘把自己精心制作的狍皮头帽，送给自己的心上人，当作爱情的信物。戴上这种帽子，双耳直立，犹如生角，别有一番情趣，颇有特色，既能御寒，又是一件艺术品。正如赫哲情歌《送情郎》中唱的："阿哥上山打红围，请你捎张好皮回，我给你缝顶帽子戴，你我两人都光彩"（《同江民间文学集成》，1994年8月内部出版）

赫哲族早年的鱼皮衣和兽皮衣的纽扣多用骨头、木头做成，有的直接用皮条系，还有的将皮条结成疙瘩来代替纽扣，简单古朴。

桦皮用品及工艺

街津口地域属于寒温带气候，适宜桦树的大面积生长。

桦树皮的剥取在农历的五六月份直至立秋之前。刚剥落时，桦树皮含有一定水分，质地柔软，以石压平后，去掉外表粗糙层。把料备好后，再根据制作对象的大小、结构，进行设计剪裁，大到桦皮船，小到桦皮碗，复杂的桦皮摇篮，简单的桦皮苫布，都有一定的尺寸。剪裁后，利用麻线、筋线、马尾、树皮胶等，进行缝合或黏合成型。

桦皮帽　赫哲人称桦皮帽为"博如"，其形如斗笠，帽顶呈尖形，帽檐宽大，能够遮光，一般用于夏天遮阳和避雨。桦皮帽檐上有各种美观的花纹，以云纹、花纹、波浪纹居多，有的还刻有鱼、鹿动物形象。其做法是将一大块桦树皮卷成锥形，用麻线缝连，接缝处涂抹松油脂以防漏水，边缘均用桦树皮粘贴，防止破裂。桦皮帽做工精细，多为姑娘精心制作送给心上人，是在赫哲族流传的爱情信物。

桦皮船　桦皮船的制作方法是：先用樟子松鲜木条子按一定尺寸和形状做成筋骨骨架；然后将春天的桦树出浆，剥下白桦树皮，将宽一米、长二米的桦皮若干张，用植物纤维制的细绳缝，或用"暴马子"（这里指白丁香树）木质的钉子钉在筋骨架上；接缝处要密密地缝成两道线，接缝和钉眼再用松树油灌

↑ 桦皮夏帽

好。船体里有纵向薄板片和横向"U"形板片，船舷上有四条横撑。除上部中间留一人乘坐的入口之外，前后两端均用鳇鱼皮封盖。船体上绘制有彩色图案用以装饰。桦皮船长约3米至7米不等，最宽处70厘米，高50厘米，两头尖并上翘。

摇篮　赫哲族摇篮，具有两种样式，即平底或近于平底、浅帮形和有角度的"V"字、高帮形，以浅帮形居多，"V"字形摇篮

的夹角在170度左右，几近于平底，长度在80厘米左右，四周上下边缘装饰有图案。

赫哲人多能工巧匠，桦皮除了上述用途，还可以用来制作其他制品，如桦皮刀套、桦皮画等。

为了使做出来的桦皮用具美观，还要根据本民族传统，在不同用具上雕刻、绘制或粘贴出各种各样的花纹。赫哲人在桦皮盒、桦皮箱等桦皮制品之上雕刻的纹饰多种多样，有植物、野兽、花纹、几何等图案，别具民族风格。在桦皮器皿中，尤以圆盒上的纹饰最为繁复且精致，令人叹为观止，实为桦皮工艺中的珍品。

↓ 桦皮罐

鱼皮贴画

赫哲族传统的图案艺术非常发达，常常在用鱼皮、兽皮制作的衣服、鞋帽、被褥上，绣制各种云纹、花草、蝴蝶及几何图形等图案，形象生动，造型美观别致，经过艺术加工便形成了现在独具特色的鱼皮画。

昔日的鱼皮画，一种是鱼皮窗上的鱼皮窗花"纽尔汗"，另一种是贴在室内墙上的鱼皮"纽尔汗"。

↑ 鱼皮贴画《打冬网》

↑ 鱼皮贴画《渔归》

鱼皮窗花"纽尔汗" "画"，赫哲语发音为"纽尔汗"。赫哲人用勤劳智慧创造了自己的窗花艺术。早期，街津口赫哲人用鱼皮糊窗，起到既挡风又透光的作用。鱼皮窗纸、鱼皮窗花成为赫哲人新年装点屋舍的方法之一。鱼皮窗的制作如下：首先，选择上百斤的大鱼剥皮，如胖头鱼、怀头鱼、草鱼、哲罗鱼，这些鱼体积较大、色白、皮薄，鱼皮晒干后很透明，为达到去油防虫的作用还要进行熟制；接着选取面积较大的部位剪裁，不合适处可以缝接；最后用鱼鳔胶从外边粘贴到窗框上，鱼皮面朝外。从外侧粘贴是为防止流水、雨雪留存到窗框上，使鱼皮损坏。鱼皮窗做好后，再用鱼皮剪窗花贴到朝向室内的鱼皮窗上，窗花的颜色要与鱼皮的颜色互补，即白色鱼皮窗处选用黑色鱼皮做花，黑色则选用白色鱼皮做花。贴好窗花后，再用鱼油两面涂刷整

↑ 传统熟制皮料工具

↑ 传统鱼皮剪贴画《喜神》

↑ 传统鱼皮剪贴画《鹰神》

个鱼皮窗，使其结实、透明。

室内墙上的鱼皮"纽尔汗" 平日贴在墙上的"纽尔罕"是一种剪贴形式的绘画，用鱼皮做材料，通常在腊月着手准备，正月初一才挂出来。"纽尔汗"上的内容多是表现赫哲人的时空观，如上方有天鹅、大雁、蝴蝶等，中间贴走兽，下方多为水、鸳鸯、鸭子吃鱼等场景；也有表现现实生活的，如打鱼场景，出船归来等；还有就是表现崇拜的神灵，如鹿、天鹅、鱼等。

据尤秀云回忆，童年时，母亲常剪东西贴在鱼皮上。剪这些飞鸟、蝴蝶等使用的材料十分随意，有的用桦树皮，有的用树叶，秋天的树叶红红绿绿十分好看。

毕淑芬回忆自己童年时的母亲，每到过年妈妈都会用鱼皮剪很多的鱼、鹿、花、蝴蝶、天鹅等纹样，贴到窗、镜子、墙上作为装饰。

孙玉林回忆，童年家中门上用鱼皮剪兽神当门神使用，兽的形状似老虎。

传统的"纽尔汗"在今天已经难得一见，而今天广为人知的鱼皮画，可以认为是"纽尔汗"在传承中的流变，这种流变主要在审美及装裱形式上产生了变化，多是用鱼皮剪出人物、动物等粘贴在纸质或木质的底板上，再装框悬挂于墙面。

鱼皮有一种自然的美，具有天然的鱼鳞花纹，凹凸不平，又浑然天成，其风格古朴、粗犷，有立体感和动感，是任何其他美术材料不可取代的，也非是人工模拟能够实现的。

鱼皮画的内容展示了赫哲人的审美追求与信仰崇尚，具有鲜明的民族风格。赫哲族有丰富的神话传说，很多情节和人物在鱼皮画中都有所描述。透过这些以神话故事为题材的鱼皮粘贴画，可以让我们更好地理解赫哲人对于世界的看法。分析鱼皮画的图案，我们可以了解赫哲族的审美观；研究鱼皮画的加工制作过程，则有助于我们认识赫哲族的生存环境、生活状态和生产技术。

↓ 剪制鱼皮画

鱼骨工艺

↑ 赫哲民间艺人孙友才在制作鱼骨工艺品

↑ 鱼骨工艺品

赫哲人以渔猎业为主要经济来源，不仅吃鱼肉，而且穿鱼皮、饰鱼骨。他们将鱼骨、鱼刺磨砺成佩饰物，这些佩饰古朴大方，展现出北方渔猎民族独特的审美情趣。

20世纪80年代，街津口赫哲族老艺人孙友才经过潜心研究把赫哲族鱼骨工艺继承下来，为此，他的鱼骨制作技艺被文化部认定为"中华一绝"。

孙友才把有特点的鱼骨都留下来，处理干净后晒干，用一种火胶黏合在一起，做成各种各样的古代兵器或小鸟等，这些工艺品栩栩如生。还有一些作品取材于赫哲族历史传说。现在，孙玉林、徐国等人传承了鱼骨工艺。

鱼骨工艺具有特有的质感和独特的美感，精致的鱼骨工艺品经过特殊处理，造型精美，玲珑剔透，有浑然天成之感。

↑ 鱼骨工艺品

　　赫哲族的节庆很多，既有本民族的传统节日，也有从其他民族传入的节日。在街津口，有两个传统节日最具民族特点，一个是农历三月初三、九月初九的鹿神节，一个是农历七月十五的河灯节。"乌日贡"和"呼日堪"则为新近形成的最为隆重的欢庆活动。

↓ "呼日堪"文化节演唱"嫁令阔"

第七章

神性节庆

↓ 跳萨满

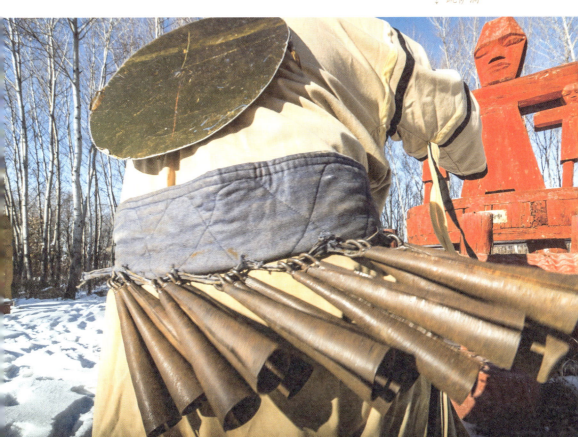

开江节

黑龙江开江，赫哲人祭江。

赫哲人主要从事渔业生产，因而非常崇敬河神。河神，赫哲语为"莽穆克阿姆巴尼"。传说河神形似乌龟，掌管鱼类的调配和拨发，得罪了河神是打不到鱼的。每年开江，在冰凌即将流尽，渔民下江打鱼前，街津口赫哲人要全村集合，在江边钓鱼台隆重祭祀河神。

↑ 祭拜河神

渔民们聚集在各个渔滩上，祈求丰收和平安。举行这种祭祀时，在江河滩上摆上空心码子，写上供奉河神之位，烧香叩头；在江边杀猪作牲，并把猪血注入江河之中；往河里倒酒，以示敬意，祈求河神保佑平安，捕鱼丰收。

河神并不是一个，而是有很多河神，分管着不同事务。例如，帮助捕鱼丰收的河神称作"卡勒嘎玛"，每当捕鱼不顺利的时候，就由萨满跳神召请这位河神，祈祷宽恕降福。祭祀仪式上供奉它的神偶，是用木雕的鲟鱼形象。祭祀之时，先把神偶的鱼尾部挂在帐幕盖上，过一会儿摘下来浸泡在水里，再把水排出。祈祷后捕到

↑ 在渔船上燃放鞭炮，致祭河神

第一批鱼时，先拿出一条塞入神偶的鱼口中，作为给河神的献供。供奉一会儿后，再把鱼鳃中流出的血抹在神偶的头上，并把鱼鳃拿出来放在神偶的脚下。

开江节的祈福仪式十分隆重。仪式按照摆供品、点圣香、取圣水、拴祈福带、唤醒沉睡的渔网、献祭品、敬酒、燃鞭炮、跳萨满舞、传统鱼肴展示与品尝等程序进行，气氛古朴、神秘、热烈，凸显了赫哲族渔文化深邃的内涵。

除了祭江的开江节，传统习俗还有到每年的农历六月十三日，过龙王爷节，也叫河神节。捕鱼滩地、养鱼泡子、挡鱼簗子的人们，到农历六月十三日这天，就杀猪宰羊，过龙王爷节，即河神节。周围的各族民众也都赶过来，欢度佳节。

"呼日堪" 文化节

街津口举办的"呼日堪"文化节，是一个还原古老图腾的祭祀自然神和祖先神的祭神仪式。人们在广场上，焚香祭拜，唱起赞颂祖先的古老歌谣，跳起模仿各种图腾的舞蹈，沉醉在繁育万物的山水间。

街津口赫哲族的图腾很有地域特色。这与当时赫哲人生产生活的状况密切相关。由于其渔猎特征，图腾多为鱼、熊、

↑ 致祭祖先

虎、鹿等。在赫哲族内部广泛流传着赫哲族是鱼的后代的传说；也有妇女同熊结合产下后代，成为赫哲先人的传说。"七兄弟和七姓氏的由来"这一传说中提到赫哲族内部的七个古老姓氏，尤、傅、吴、毕、葛、舒、卢都与鱼、虎、鹿、独角龙这些动物有关。

早期赫哲人相信万物有灵，崇拜日月星辰。赫哲民间关于日月的传说很多，有人说，赫哲人就是太阳和月亮的后代。

古时候，天地之间只有"恩都力"（赫哲语为"神"之意），没有"那衣"（赫哲语为"人"之意）。有一天，西温（太阳）用泥巴捏了十个小泥人，抱在怀里，不一会儿，十个泥人变成了十个强壮的男人。比阿（月亮）也用泥巴捏了十个小泥人，抱在自己的怀里，不一会儿，十个泥人变成了十个漂亮的女人。西温和比阿十分高兴，和这些男女跳起了舞蹈。西温看到男人没有衣服，就从山上抓来鹿皮，给十个男人做了衣裤。而比阿则在湖水中抓来了鱼，用鱼皮给女人们缝制了衣裳。男人们跟随西温学会制作刀器、打猎叉鱼、钻木取火，女人们跟随比阿学会制作衣裳、用火煮肉。后来，西温和比阿回到天上，这十男十女又孕育了很多儿女，繁衍成为后来的人间。赫哲族男人都威猛刚烈，就是得到了太阳神的阳刚之气；女人都温柔体贴，就是接受了月亮神的阴柔之气。

街津口流传有"得勒乞玛发"战胜妖魔，变为巨石的传说，使得村民对街津山上的这块巨石十分崇拜。在街津口，不光有石神，还有山神、河神、虫神、树神，这与当地的地理环境息息相关。此外，还有虎神、熊神等动物神。在婴儿床边，有挂熊牙或虎牙的风俗，人们认为这样能够保佑婴儿平安。

赫哲人相信灵魂不死，奉行祖先崇拜。他们把祖宗三代称之为

"别欧本玛发"（前辈老人）。过旧历年时，要对祖先进行朝拜、供奉，还要"烧包袱"。

跳鹿神

每年的农历三月三、九月九都要跳鹿神，赫哲语称为"温吉尼"。

过去，街津口居民以赫哲人居多，大多数人信奉萨满教，一般在有病或葬礼送魂时，需请萨满作法。过去街津口的萨满主要负责跳鹿神、祭天神、看病、求子和送魂。

跳鹿神，是赫哲族传统的大型跳神活动，其目的是萨满为本地人消灾求福，在每年春季的三月三和秋季的九月九举行，具体日期由萨满决定。萨满事先通知还愿的人家准备祭品。是日，萨满取出爱米神具供在西炕上，烧香敬酒，祷告诸神降临各显神威；祷告后，萨满开始头戴神帽，身穿神衣，足蹬神鞋，闭目击鼓，在屋里跳三圈，然后走出家门，一个小伙子拿着爱米神在

↑ 致祭天神

↑ 在行进中跳鼓舞

↑ 萨满为人们驱疫

前面领路，两个陪跳的跟在萨满左右，开始挨家串户地跳神。一群神队每到一家鱼贯而入，将爱米神放在炕桌上，神鹰放在桌上，烧香草，把酒倒入爱米神口中，萨满开始跳神，边跳边歌，村中会跳的人都要击鼓助兴，热闹异常。有的萨满不光在本村屯跳神，还到邻近村屯去跳神。最后大家聚饮食肉而散。赫哲人认为跳了鹿神，村中人就消除了灾祸，就能吉祥如意。

乌日贡大会

"乌日贡"，是赫哲语"喜庆""吉日"的意思。乌日贡大会，是以传统文化为根基，集文艺、体育及餐饮、传统工艺为一体的一项盛大民间文化活动，已被列入黑龙江省非物质文化遗产项目名录。

1988年6月27日，"赫哲族乌日贡大会"在街津口村正式召开——从此，这种文体活动被正式命名为"乌日贡大会"。

这一天，在风光秀丽的街津山下，黑龙江边的街津口，绿树和鲜花簇拥着身穿节日盛装的赫哲人。高高的街津山，是历史的见证，亲眼见到赫哲儿女昔日的苦难，今日的欢乐；滚滚的黑龙江，是民族的摇篮，抚养了一代又一代赫哲人，培育了一个又一个民族的"莫日根"（英雄）。"赫哲族乌日贡大会"不仅有来自街津口、八岔、敖其、佳木斯、同江、抚远、饶河等赫哲族聚居地的赫哲人，还有来自散居在北京、哈尔滨、济南等地的赫哲人代表。

这时，以鱼叉和口弦琴为标志的乌日贡大会会旗徐徐升起，在蓝天飘扬，赫哲老人亲手点燃了象征这次乌日贡大会的火炬，男女青年围着会场跳起了节奏鲜明的舞蹈，赫哲歌手唱起了民歌嫁令阔：

赫呢哪雷赫呢哪——是谁给千年的阿哈（奴隶），带来了温暖的阳光？不是传说中的巴恩都力（天神），是各族人民的救星共产党！

能歌善舞的赫哲人纷纷登台献艺，翩翩起舞。"天鹅舞"展现了天鹅戏水、展翅飞翔的优美舞姿；"萨满舞"表现了昔日赫哲人求萨满跳神治病的场景；"叉草球舞"再现了一群天真活泼的儿童游戏的欢快场面；"开江乐"表现了渔家夫妻新生活的欢乐和爱情的甜蜜；"鱼鹰舞"形象地用矫健的舞姿，反映了赫哲渔民粗犷、剽悍、勇武的气质。

在民族传统体育比赛场上，男女运动员一个个摩拳擦掌，迎战对手。顶杠赛处，两个膀大腰圆的年轻人棋逢对手，分毫不让，浑身的劲，犹如要顶倒一座山；拉杠赛处，年轻的姑娘，脚对着脚，手拉着棍，那架势，像要拉住这个火热的夏天。还有叉草球比赛，听赫哲老人讲，过去用叉草球的方法来决定谁占据渔场网滩，小孩从小玩叉草球就是练习叉鱼本领，草球在空中飞来飞去，在人

↑ 2011 年街津口乌日贡大会开幕式

↑ 萨满舞表演

们的眼里化成了一条条的鱼。赛船，运动员们划的是两头尖尖的"快马子"，这种船又叫三页板船，用三块木板拼成，在水中十分轻便自如。随着一声令下，生龙活虎的小伙子们划起船像鹰一样飞去，江岸上欢声雷动，热闹非凡。跑万岁，是一种跑、跳、摔相结合的活动，据老渔民讲，这项活动和渔民紧张的劳动有着一定的联系，其比赛方式是分进攻队和防守队，如进攻队能进入防守队的大本营，就获胜一次；如防守队能抵挡住进攻，也获胜一次。

乌日贡大会，一般每届都在开江鱼汛喜获丰收后的6月下旬由赫哲族聚居地轮流举办，会期两天，初为三年一届；1997年开始，赫哲族乌日贡大会每四年举办一届；从第三届开始，定为每年的农历五月十五日为赫哲族的乌日贡节，是赫哲族全民族的庆典，节日活动主要有祭祀、竞赛两大项，至今已连续举办了十届。

河灯节

街津口有农历七月十五日放河灯的习俗。

届时，家家都要放河灯，一般是家中有几口人，就放几盏灯，以求河神保佑家人一年的平安和渔业生产的顺利。

早年放河灯有两种形式，一是在木板上放上草木灰和的菜油或

↑ 江畔祭仪

↑ 烧"包袱"（尤永贵 画）

者鱼油纸灯，一般做10—20个；也有的在架子上放两个香瓜和两杯酒，在天快黑的时候将河灯放到河中。

现今街津口赫哲人做河灯时，是用竹坯或柳条做成方形底座，中间插一根蜡烛，旁边插筷子，四周贴五彩纸，纸上剪出神偶像吉祥物。

篝火舞

公鸡祭神"嫁令阔"

篝火晚会

神鹰舞

春节

在赫哲人看来，旧历新年是最重要的节日，赫哲人会准备好吃好喝的在这一天食用。赫哲人过春节十分隆重，刚刚进入腊月，街津口村家家户户就开始忙碌起来：男人上山打猎物，或是下江凿冰窟窿钓鱼以备过节食用，到县城赶集办年货；女人在家忙着包鱼肉冻饺、豆包，做李子饼、鱼毛、兽肉干等节日食物，给家里老人和孩子缝新衣服；小孩子跟着老人学剪纸、贴窗花、糊灯笼、做冰灯……

旧历新年的当天要用白面做成丸子供神，当天晚上全家人还要围坐在一起吃饭。生活条件有限时，赫哲人的食品一般为"索林"（煮玉米拌鱼松）和"托和岩"（面团），还有一些小米粥；年景好时，一定要有刹生鱼、烧鲤鱼、煎鱼和炖鱼，其他菜肴根据家人的口味自己搭配。

年三十晚上，赫哲语称作"佛额什克斯"，家家户户要给先人"烧包袱"。"包袱"是用金箔叠成元宝形的锞子，与打印有铜钱痕迹的黄纸放在一个纸口袋里，用香草或木柴烧掉，并往火上洒一些酒和食物，以表示给祖先送钱和食品。据说这个日子是金朝时白城被攻破的日子，赫哲族人在这个日子祭祖，是表示对祖先的缅怀和对白城死难者的纪念。烧包袱后，还要供奉祖宗三代，在西墙炕上放一张桌子，上面供上馒头、丸子、果品、酒肉等，供物放五天后才能撤走。

在房外，山墙上供奉天地神。天神是赫哲族特别崇拜的神，常供奉在有特异形状或遭雷击的神树上，数量非常多，这类天神是在神树底部雕以人面形。而供奉在庙里或家中的天神则是木偶，木偶天神坐落在一个四脚原木平台上，由一大二小三个木偶组成。天神家家皆供奉。每当人们渔猎丰收、大难不死或重病痊愈时，都认为是天神保佑的结果，因此许愿祭祀天神。祭天神时，由许愿者择吉日邀村中男人来到神树下，宰物以祭，由主祈祷的萨满迎神祷告，主人献祭，众人叩头，大家尽食祭肉，送神叩谢。

↑ 天鹅舞

赫哲人认为天上的三星（参宿，即东斗星）能教人辨识整个夜晚的时间，因此对三星格外敬奉。在过农历新年时，要供奉酒、肉、米、粥等，一夜不眠。等到三星升上来，人们在庭院中的炕桌上摆供品，点上油灯，朝着三星跪拜许愿，十分虔诚而隆重。

↑ 2011年街津口乌日贡大会上的神杖舞

吉星神，赫哲语称"乌什卡"，是一大两小的三个木头神，大者高约一尺半，小者高约一尺，头顶为圆锥形，头的四周刻九个人面形，每面刻目、鼻、口，在两面之间有一公目，身成圆柱，下有四座脚，左右两木偶为使者。赫哲人认为，吉星神是最清洁之神。人们得了外科疾病，则认为是触犯了吉星神，患者要向吉星神许愿，病好了要祭祀吉星神。祭期由还愿者决定，祭祀之日，到了夜阑人静的时候，在星光月色之下（不许点灯）开始祭典。先将祭品猪、鸡、羊等物抬到神庙前，由萨满祷告，焚香草，以酒灌猪、羊的耳朵，祭毕将猪、羊在野外宰杀，肉煮熟后请亲友邻里来吃，除妇女经期中不得参加外，其他人均可参加祭典。主人不备酒，来客自带。食毕，每人均须漱口、洗手，挖一深坑将剩下的猪、羊肉及漱洗用水倒进坑内，用土埋上，以免践踏触犯神灵。来宾中与主人不是同姓者，离去时要给主人留下一物，诸如烟袋、手巾等，再于次日去主人家取回。据说这样对主人有利。

另外，赫哲族人还供灶神，也就是火神。在锅台上方墙上供奉灶神，插几根蒿子代替香火。除夕之夜全家向火神磕头，从初一到初五每天早晨给火神磕头，老人跪在前面，女人孩子跪在后边，老人向灶神祷告，请灶神保佑孩子大人平安。

大年初一清早，各家各户的亲戚朋友就开始拜年，姑娘、媳妇和孩子换上了新衣裤，纷纷到亲戚朋友和邻居家串门拜年，十分热闹。每年这个时候，村里能唱会跳的人家就会挤满拜年的人。其实，大家都是打着拜年的名义来听"伊玛堪"。而"伊玛卡乞玛发"（会唱"伊玛堪"的人）也并不吝啬，众多客人来请他吃酒，他也为大家唱上几段。大人们都围在屋子里听"伊玛堪"，年轻的女孩子和刚结婚不久的新媳妇爱玩"摸瞎糊"，掷"嘎拉哈"（一种掷骨头的游戏），她们聚到一起有说有笑，而男孩子们则聚在室外，叉草球、射草靶、滑冰、滑雪……从初一到十五，到处热热闹闹，喜气洋洋。

街津口有正月十五撒路灯的习俗。吃完晚饭后，全家老少都撒路灯，从院门口撒到河边，如家离河边太远，就撒到路中河的方向，再从院门口撒到通往山的方向。路灯用木末、米糠或碎炭拌上油料制成，将所有路灯点燃后，再端一盆小灰（未燃尽的木炭）调鱼油，将调好的油料围成巨大的圆形或方形点燃，全家老小在中间"滚冰"，老人自己滚，大人推小孩子，夫妻互相推滚，以求滚走一年的晦气。

↑ 男女萨满对舞

↑ 年轻女孩在江畔跳起神鹰舞

中国民间
文化遗产
抢救工程
THE PROJECT TO CHINESE
FOLK CULTURAL HERITAGES

　　"赫哲"是满语"赫真"的变音，意为"东方的人们"，其宗教、饮食均属渔猎文化类型，从古至今都是"夏捕鱼作粮，冬捕貂易货"，只有少数人兼营农业生产。渔猎文化，决定了赫哲族的物质文化和饮食特点。祖祖辈辈生长在黑龙江、松花江、乌苏里江畔的赫哲人以渔猎为生，繁衍生息，创造了宝贵的食鱼文化，它代表着赫哲族独特的渔猎饮食文化，是中华民族饮食文化中一种濒于消失的特殊符号。

↓ 白雪覆盖的塔头甸子

第八章
特色饮食

↓ 夏季沼泽地

贡品——鳇鱼

据清代史籍记载，赫哲渔民在给皇帝的贡品中，最重要的是鳇鱼，或者鳇鱼头、鳇鱼筋、鳇鱼鳔，以表示对皇帝的敬意。

鳇鱼是冷水鱼类中的名贵鱼，不仅体态绝佳优美可作为观赏鱼，而且它的全身都是宝。鳇鱼通身除了五道鳞片外，均为可食的鱼肉和脆软鱼骨，是招待贵客的上等食品。鳇鱼肉质营养丰富，含有36.8%的蛋白质、3.9%的脂肪……其营养价值胜过牛肉和猪肉，是烹调各种菜肴的美味上品，可与猴头、燕窝、鲨鱼翅等山珍海味相媲美。鳇鱼的骨头是脆骨，赫哲人最爱用它做刹生鱼招待客人；鳇鱼的翅、肚、胃也都是筵席上的名菜；鱼脊索还可制成优质鱼胶，是一种补药。

鳇鱼的鱼子，其颜色、形状大小酷似绿豆。几百斤重的雌鳇鱼体内可出100多斤鱼子，生食口感极香，余香悠长，营养价值是其鱼肉的几百倍，是极珍贵的营养食品和出口创汇的高档商品。目前出水价格在每斤2000元左右，俗称黑色软黄金，最大的鳇鱼体长有5米多，重达1000多公斤，性情勇猛，力大无比。早在金代，鳇鱼就已是黑龙江流域向中原王朝进贡的珍贵礼品了，俗称"岁贡秦王鱼"。到了清代，鳇

↑ 剖鳇鱼子

鱼更是每年向清廷必进的贡品。

　　据街津口赫哲族老渔民回忆，做贡品的鳇鱼，是选择千斤左右的活鱼养在鱼圈里。所谓鱼圈，就是选择近江边泡子、河汊，把拴上的鳇鱼牵引进去，再钉上木栅栏。设有看鱼棚，派人轮流看守、照料。等到入冬后，将放养的鳇鱼捞出，泼水挂蜡冻成大琥珀状，用雪橇或车，拉到指定"打牲乌拉"交差。视鳇鱼大小，给予相应的赏赐，并免交貂皮。"打牲乌拉"用专车运送鳇鱼，车子插着一面黄旗，表示是给皇帝送贡品的，沿途各地必须迎护，路上遇到车马人等要给鳇鱼车让

↑ 凉拌鳇鱼筋

↓ 清蒸鳇鱼

道。鳇鱼车一定是计算好行程的，必须在每年除夕之前送到京城内务府，不得耽误了皇帝正月初一祭祀用。祭祀过后，鳇鱼除御厨留用外还有部分分段赏赐给王公大臣。鳇鱼是满族皇亲国戚过年餐桌上寓意"不忘根本"的菜料。

因为鳇鱼头骨为脆骨，京城上流社会以此为美食。赫哲渔民也有晾晒鳇鱼头充为贡品的，或者以商品出售，每斤价值达到纹银八九两。

塔拉哈

在赫哲族美味菜肴里，最好吃的当属"塔拉哈"。赫哲语"塔拉哈"意为"烤生鱼"，是赫哲民族最有特色的一道菜。"塔拉哈"已列入佳木斯市级非物质文化遗产项目名录。

↑ 在渔滩上的"塔拉哈"

"塔拉哈"是赫哲渔民在捕鱼间隙于江畔随时随地饮酒作乐的产物。早在远古，赫哲人的食鱼方式自然非常简单，就是简单地把鱼用火烤着吃，"塔拉哈"成为一道因陋就简的野餐式佳肴。"塔拉哈"不仅是赫哲人家经常吃的最好吃的上等菜肴，也是招等宾客的最佳美味。

人们多以鲤鱼、草鱼、胖头鱼等为料，先把鲜活的鱼放血，将鱼脊背两侧连皮带鳞的鱼肉片下来，在切肉时要切成小指宽的条状，抹上细盐，再用鲜木棍把带着肉条的鱼皮串起来（可事先在鱼皮上用刀穿几个洞），便可烤制了。烤时，先烤带鱼皮的一面，待鱼鳞炸响爆开后，再翻转过来烤鱼肉，随着"滋滋啦啦"的烤肉声，肉表变得焦黄冒油，一股股浓浓诱人的鱼香味伴着油香向四处飘散开来，直撩人口水，待烤到六到八分熟时，用手撸掉鱼鳞，即烤制完成。烤好的鱼片，放在案板上，用刀按原切痕一条条带皮切下，盛在器皿内，"塔拉哈"便制作完成了。食用时，可以蘸调料，调料是由先炸好的辣椒油倒入米醋中，加些盐调制而成，也可将调料与鱼肉拌匀后食用。

↑ 鱼馆里精致的"塔拉哈"

现在黑龙江及东北地域的一些饭店也经营"塔拉哈"，一般是先去掉鱼鳞，再剔除鱼的内脏，把鱼从中间一劈两半，架在炭火上烤；等到鱼肉的两面都烤成浅黄色时，摘除鱼骨和大的鱼刺，把鱼肉放进盆里，加醋、盐、味精、葱花和辣椒油等佐料拌而食之，它的特点是香而不腻，绵软爽口。

↑ "塔拉哈"传承人吴宝利（左一）接受"非遗"普查

刹生鱼

　　食新鲜生鱼称为"刹生鱼"，其味道鲜美，营养丰富，是赫哲族传统风味佳肴。刹生鱼，即拌菜生鱼，赫哲语称"他拉克啊"。赫哲人不仅自己喜欢吃刹生鱼，而且用它来招待客人，以示敬意。

　　街津口赫哲人很爱吃生鱼肉。其做法是以新鲜鳇、鲟、鲤、草根、胖头等鱼为原料，先将鱼血放出，从鱼的两侧顺着骨架连皮带肉剔下两大片鲜嫩的肉，把鱼肉切成薄片而不损伤鱼皮，再将鱼片切成鱼丝，然后把刀放平紧贴着鱼皮将鱼丝片下来。在鱼丝里拌上野生的江葱和野辣椒，加上醋和盐即可食用；没有醋时，就把野樱桃捣成浆

↓ 在渔场吃鲜鱼片

汁拌上。后来随着生活条件的改善，有的拌菜生鱼还添加大头菜、绿豆芽、土豆丝、洋葱、粉丝、蒜、辣椒油和味精等，这样就更加鲜嫩可口，凉爽好吃，增人食欲，是下酒好菜，颇受人喜欢。

吃刹生鱼讲究用地产醋，喝土烧酒，主要是起到杀菌驱虫的作用。

生鱼片

生鱼片，赫哲语称"拉铺特克"，多半在渔滩捕鱼时食用。其做法是先将鱼血放掉，将新鲜鱼肉剔下，切成薄片，手拿鱼片蘸着

↓ 鱼馆里码放整齐的生鱼片

醋和盐即可享用，吃起来脆生生的，既可当菜，又可当饭，在春、夏、秋三季均可食用。街津口赫哲人一直认为，生鱼片是全世界最好吃的一道菜。

一般来讲，赫哲人常在刚捕到的活鱼身上割一块鱼肉，用刀挑起，送给客人，如果客人高兴地吃下，说明这位客人能够入乡随俗，也会被视为朋友。

刨花鱼片

刨花鱼片，赫哲语称"苏拉克"，即削冻鱼片。

刨花鱼片是冬天吃鱼的方法。以往赫哲人在冬季将狗鱼、白鱼、细鳞鱼、牙慕斯哈冻僵后，先剥下冻鱼的皮，削成薄肉片，一卷卷、一片片蘸醋、盐或辣椒油来吃，既凉爽又方便。因为被削下的冻鱼肉薄片，类似木工刨下的刨花，因此得名。刨花鱼片讲究原料，必须是鲟、鳇、鲤等鱼才能做"刨花"，尤其是鲟鱼（俗称"七里浮子"或"乞里"）可将骨、肉一起横切成片全部食用，特别鲜美凉脆。

生食鱼鲜，是赫哲族饮食习俗的一大特点，也是赫哲族长期在恶劣的自然环境中求生存的一种保健方法。早年，赫哲人

↑ 刨花鱼片

除了吃鱼肉和兽肉外，几乎吃不到水果、蔬菜和粮食，生食可以使
食物中的大量维生素不被破坏，而在缺少水果和蔬菜的情况下，要
想保持身体强壮，生食可谓一种科学的饮食方法。赫哲人每食生鱼
肉必食醋、喝酒，而醋、酒均有杀菌之功效。

晒鱼干

赫哲人不仅生食新鲜鱼，而且还喜食干鱼。

晒鱼干，赫哲语称为"熬尔克奇"，即将鱼肉晾晒成鱼干、鱼

↓ 在网滩上晾晒鱼干

条子和鱼坯子，储藏起来以备常年之用。早年赫哲人出外远行，往往带上鱼肉干，以作干粮。

晒鱼干一般在春秋捕鱼旺季来做，这时候气候干燥，温度适宜。晒杂鱼干，一般选用狗鱼、鲤鱼、鲫鱼、鳊花鱼、怀头鱼来晒，其做法是：搭起木架，把捕来的鲜鱼收拾干净，切成鱼条、鱼块挂在架上晒干或用火烤干。晒鱼干时不用加工，直接晒就可以，把鱼肉里的水分和油脂晒出去，容易储藏，等食物少的时候拿出来煮着吃。

晒大马哈鱼干，先要搭立晒鱼干的木架，然后将鱼用木杆串起来挂在鱼架上晾晒。大马哈鱼各部位肥瘦差异较大，晒前需把各部位分别切成条或块，而且各部位鱼干有不同的称呼：脊肉干，赫哲语叫

↓ 晒大马哈鱼坯子

"给林"；肚囊肉干，赫哲语叫"乌日克色"；贴骨肉干，赫哲语叫"西格得力"，等等。这样晒出来的鱼干，有肥的也有瘦的，可选择食用，十分方便。近年来，晒大马哈鱼一般是先去内脏，用盐腌后再挂在木架上晒干，称为大马哈鱼坯子；也有将鱼用刀剔成一条条的，用木杆串起来晒干，称为鱼条子。鱼干既可以生吃，也可以烤着或蒸着吃。冬季赶雪橇走远路，大马哈鱼干还是最好的狗粮哩！

晒鱼干作为一种特色吃法，别具风味。吃时用水泡一阵，然后切成小块，放些酒、姜末、葱花、盐、辣椒油，放进锅里蒸熟，香味扑鼻，特别好吃。

街津口赫哲人受到烤羊肉串的启发，把狗鱼晒成干，放上孜盐、辣椒面等烤着吃，成为新的烧烤品种。

炸鱼块

炸鱼块，赫哲语叫"依斯额母斯额"，就是挑比较肥的鳇鱼切成小方块，用鱼油炸酥，放入坛子里，用鱼油浸泡储存，日后食用。

据老年赫哲渔民讲，早先，油炸鲟鳇鱼肉丁和油炸白鲟鱼肉丁还是贡品呢！炸鱼块有个窍门，就是炸哪种鱼块，必须用哪种鱼的油，炸出来的鱼块没有腥味。将炸好的鱼块装进坛子，包上黄布，送到"打牲乌拉"衙门，再送到京城去。炸出的贡品鱼块叫作"嘿霍"，送炸鱼块这个过程叫作"贡嘿霍"。

晒鱼子

晒鱼子，主要指晒大马哈鱼子和鲟鳇鱼子。

人们将黄豆粒大粉红色的大马哈鱼子放在阴凉处晾干，赫哲语称之为"查发"。大马哈鱼子晒干后储藏起来，能常年食用，营养极为丰富。

↑ 大马哈鲜鱼子

鲟鳇鱼子，呈黑绿色，光亮透明，表面油汪汪的，是赫哲族的高贵食品，既自己食用又用来待客，美味可口，营养丰富。早年，赫哲人把鲟鳇鱼子搓开晒干，小孩一把把抓着吃，大人也干吃，还把鲟鳇鱼子同玉米楂子一起煮着吃。后来赫哲人将鲟鳇鱼子用盐腌上放在木桶里储存起来，一年四季均可食用。如果吃新鲜鱼子，往上撒少许盐，用筷子搅拌均匀，再拌上葱花等佐料即可食用，既鲜美可口，又含有大量蛋白质。现在赫哲人喜食的鲟鳇鱼子已经成为国际市场上的畅销商品。

炒鱼毛

炒鱼毛，赫哲语称为"它斯罕"，汉语即为鱼肉松，是赫哲人宴席上不可缺少的一道风味菜，多用较肥的鲤鱼、怀头鱼、草根鱼、青根鱼、白鱼、鳇鱼、胖头鱼等制成。炒时，先将鱼去内脏，肉切成大块，放在锅中煮熟，然后捞出，把骨头和刺去掉，肉切碎，等鱼肉凉透了再翻炒，以脆而香为宜。炒鱼毛鱼肥油多，不易干燥，易存放，又好吃，将之装入坛内，用鱼油泡上，将坛口扎好用泥土密封，就可以留作日后食用；也可以放些"斗布希格特"（一种野李小饼），然后将坛子封好，放在阴凉处，储存起来，冬季或缺食物时拌在饭里，香甜可口。

早年在打鱼季，黑龙江鱼儿多得往船里跳，渔民把鱼往江里扔，要不然就会把船压沉，冬天鱼多得像柴垛一样垛满了长长的江边，人们一时吃不了，就把多余的鱼炒成鱼毛，这样就能久放，以备日后食用。

↑ 赫哲妇女炒鱼毛（1963年）

↑ 炒鱼毛

鱼头敬客习俗

赫哲族食鱼非常讲究礼仪。

无论做什么饭菜来招待客人，每餐必须有一道菜是一整条的鱼。赫哲人认为，上菜时，鱼头一定要朝着客人摆放，表示对客人的尊敬。开餐时，主人不时地用筷子点着鱼头让客人吃鱼，而客人吃鱼须先吃鱼头，即使不吃也要先拨开鱼头才能吃鱼身。客人吃了一口之后，同席的人才能动筷，和客人一起分享。如果没有客人，鱼头要先给老人吃，然后其他人才能吃。用餐也很有讲究，吃整条鱼时，若是一面鱼肉吃光了，要吃另一面鱼肉时，千万不能说"翻过来"，而要说"划过来"。因为"翻"就是"船翻了"的意思，这是赫哲人的大忌。

采食野菜、野果

赫哲人早年不从事农业，不种植蔬菜，可是他们却大量采集野菜、野果来食用。

伊玛堪歌手董凤喜曾讲述了"野果与野菜的来历"。

很早以前，有老两口过日子，靠打鱼、狩猎为生。每天吃鱼、吃肉，吃来吃去吃够了，老头、老太太感到没啥意思，商量着出去走一走，看一看别的地方的人都吃什么。

有一天，老两口收拾日常用的，背着鱼干、肉干、鱼毛上路了。也不知经过了多少个"悦洪"（屯子）才找到了这么一个有果有菜的地方。这里的吃食样数很多，吃得也很顺口，老两口就在这里住下了。

过了几年，他们又想起来老家还是吃鱼吃肉，光咱俩来到这享福，乡亲们也不知道，咱得回家呀！这年秋天，他们把各种种子都收起来，等着冬天上冻回家。等到了冬天，下了大雪，老两口收拾东西就上路了。一路上，穿过不少林子，树枝把他俩背的口袋挂破了，种子都落了一道，等到家，种子也快洒没了，剩了些口袋底子。来年春天，老两口将剩下的这些种子都种上了，长出了山丁子、稠李子、山里红、葡萄、樱桃、核桃、梨、榛子……还有各种野菜。屯子里的大人、小孩们都赞扬这老两口是好样的，为大伙着想，从遥远的地方把种子背回来。男女老少都很尊敬这二位传种的老人，管他们叫阿依玛发、玛玛（好样的老头、老太太）。

从这以后，山上和甸子一片片地都长出了野果树和野菜。

赫哲人熟知各种野生植物，在不同季节采食不同的野生植物，即便在冰天雪地的隆冬，他们还能采到一种寄生在杨树上的绿色植物——冬青作食物。赫哲人将野菜生食或者同鱼、兽肉一起炖着吃，或者腌菜吃、晾晒成干菜常年食用。

柳蒿芽，赫哲语称"额恩比"，是赫

↑ 新鲜的稠李子

↑ 非遗传承人傅兴珍与女儿齐艳华制作稠李子饼

↑ 稠李子饼

哲人喜食的野菜，生长于河岸、沼泽地。每年春季，待柳蒿芽刚一破土就采着生吃，味略苦；等长高后就大量采集运回家里，洗干净后，用开水烫或蒸到五分熟时，放在帘子上晒干，捆起来放在鹿皮口袋里，贮藏起来以供冬天食用。赫哲人经常吃的野菜还有蕨菜、山白菜、灰菜、荞菜、抢头菜、小根菜、黄花菜、马蹄菜等。

稠李子，赫哲语称"应克特"，是赫哲人经常食用的野果，长在江中岛上的树上，果实像黄豆粒那么大，成熟后变成黑色，采回后拌鱼毛吃，也可以与小米一起煮粥喝；如果一时吃不完，就做成稠李子饼。有的赫哲人家将山葡萄子剔出去，把山葡萄煮成果酱，放在缸里用泥封上，等到冬天时吃，酸甜可口。

赫哲人在农历八月初采集橡子，直至降雪为止，先采集掉在地上的再采摘树上的，然后堆在一起架火烧，用木棍拨弄，待橡子崩开缝后用手扒去皮来吃仁。

赫哲族经常食用的野果还有山樱桃、山丁子、山梨、山楂、草莓、榛子、松子等，这些野果既可以晒干后食用，还可以酿酒。

赫哲人食用的菌蘑主要有猴头、木耳、花脸蘑、黄蘑等，需洗干净来煮食，或掺杂在鱼、兽肉中混食。

时至今日，赫哲人对野菜和野果仍有偏爱，喜欢在春秋采集后晾晒成干菜和干果以备冬天享用。

饭食

早年，赫哲人并不是完全吃鱼，偶尔用鱼与路过的大风船（帆船）换些谷物之类，将谷物与无刺的嘎牙子鱼一起熬制食用，鱼谷混合，味道香美沁人。有时为了换回一点小米，不惜带着貂皮和鹿茸，走上百里路到汉族集镇去交易，往返需半月时间。换回的小米除留给客人吃外，主要做祭祀神灵和祖先的供品，很少自己享用。

在一百年前，街津口赫哲族就开始兼营农业，人们在山上种一小片谷物，用于自食，其饮食结构开始由肉食型向粮食型转变。随

↓ 在打冬网闲暇时饮酒取暖

着汉族的迁入，粮食增多，赫哲人粮食摄入量比从前有所增加。

"拉拉布达"饭　这是用小米或玉米小楂子煮成的稠粥，类似满族的黏米粥，吃时拌上鱼毛或鱼油或兽油，非常香甜。

"莫温布达"饭　又称"嚯嚯饭"，是把嘎牙子、牛尾巴、鲫瓜子鱼与小米一起下锅，放上少许盐煮成稀饭，既有饭又有菜，食用方便。

面片　是将面粉和好后，压扁切成条，煮熟后切块，与李子或者鱼毛拌在一起吃。猎人们经常把面粉和好拉长为约一尺的面条，煮熟切成块，放锅中炒后，拌着蜂蜜吃。

如今，赫哲人的主食基本上是米和面，与当地汉人的饮食结构大体相同。

炊具

街津口赫哲人使用的饮食工具很齐全，大多木质，一般用桦木或者用桦树皮制成，饮食器具主要有木勺、木碗、木杯、木盆、木匙、木铲、木桶和木锅等，这些器具上一般雕有花纹，古朴美观。

木质器具不易损坏，携带方便，符合赫哲族渔猎生活的习惯。这一习俗与赫哲人地处森林环境密切相关，丰富的木材资源为人们提供了足够的材料，使人们不用花费精力去发现和创造其他材料。

木锅　木锅是赫哲人早年用以煮食物的器具。为了不使木锅烧坏，一种方法是，用木锅煮肉时把木锅添满水，将肉放入，把烧红的石块浸入锅里，这样反复多次，锅里的水就沸腾了，肉也就熟了；另一种方法是，使用前把木锅在水中浸泡，烧火时也要不断地向木锅底泼水或抹水使之潮湿，既要将肉煮熟，又不把锅底烧坏。可见没有一定的技巧是难以把肉煮熟的。

吊锅　吊锅是赫哲人出外捕鱼狩猎时用的一种铁质器具。吊锅传入赫哲族地区，大约在辽、金时代。据考古资料显示，在黑龙江省的许多金代窖藏铁器中都发现了吊锅。吊锅是赫哲人外出捕鱼狩猎时最方便的炊具，赫哲语叫"哈楚昆"。据老人们讲，吊锅分三部分，即锅、锅钩、挂钩。锅左右各有一铁环；锅钩有两个，下端钩住锅的铁环，上端有一个小孔用以穿绳，连接两个锅钩；

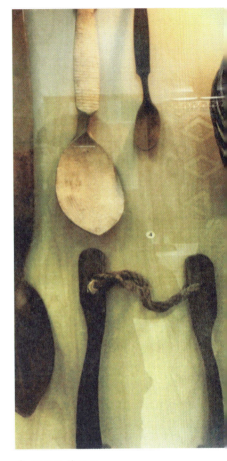

↑ 桦木杓等饮具

挂钩是木质的，可挂在树枝上，能上下升降。吊锅不用时拆解成锅、锅钩和挂钩三件放在皮口袋里，既携带方便，又轻便耐用。

中国民间
文化遗产
抢救工程
THE PROJECT TO CHINESE
FOLK CULTURAL HERITAGES
SOS

　　几千年延续下来的生活习俗形成了赫哲族独特的渔猎文化。赫哲族婚育礼俗也是在这种独有的生活环境下孕育延续，并得以继承和发展。赫哲族婚育礼俗的传承，充分体现了这一渔猎民族的生产生活特点，也极大地丰富了中华民族的婚育礼俗文化。

↓ 敬献祭品

第九章
婚育礼俗

↓ 萨满祈福

比武择婿

"下江可捕鳇，上山能缚虎。"这则赫哲族谚语说明捕鱼和狩猎能手是赫哲姑娘追求的理想人选，家里有了这样的渔猎能手就会丰衣足食，日子过得幸福美满。过去父母为女儿选择女婿的标准，主要是能渔善猎，为人正直。

街津口流传着一则"挑女婿的习俗"。传说从前，一个打鱼老者有个貌美如花的女儿，上门求婚者络绎不绝，最后打鱼老者对前来求亲的人说："哪个小伙子能在叉鱼、划船、削烤鱼竿三项比赛中得第一，我就把姑娘嫁给他。"有个穿鱼皮衣服、扎绿腰带的小伙子一叉叉了一条大鲤子，船划得最快，削烤鱼竿一刀削俩，夺得第一名。老者就把姑娘嫁给了这位"莫日根"（英雄）。

↑ 跳萨满舞的姑娘

赫哲人结亲并没有门当户对的观念，比较看重是否是劳动能手，多通过摔跤、滑雪、射箭、设伏弩和捕鱼、狩猎等比赛来选择满意的人选。结婚年龄比较小，女性一般在14岁到17岁；男子一定要比女子大几岁。

"比武择婿"有三种方式，第一种方式，是有男方看中了女方，而女方本人又在捕鱼和狩猎方面武艺高强，这样，男方就与女方比试，大凡比不过女方的男方会望洋兴叹。

关于这种"比武择婿"的方式，还有一则浪漫的传说：很早以前，盖金霍通有一个美丽的赫哲姑娘，她叫额云，长得像绽开的花朵一样漂亮，她的筒裙像天边的云霞，她的衣裳像七色的彩虹，她很爱美，把山上最美最艳的花朵插满了自己乌亮的头发。她的武艺极为高超，多么凶险的虎狼都会被她轻而易举地徒手打死。额云是部落里出了名的美貌武侠，因而引来了好多英俊小伙子的垂青爱慕，小伙们都想娶她为妻。额云无奈，就对"撮撮"（小伙子）们说："我们比武吧，谁能胜过我，我就做谁的妻子。"于是她与"撮撮"们比下江捕鳇，上山缚虎，射箭，徒手格斗。比了好久，额云感觉"撮撮"们都不是她的对手。不过，她相中了其中一个论外表与内在都让她心动的小伙子，额云故意输给了这个小伙子，于是两人结为夫妻，甜蜜地生活在一起。

第二种方式，是女方不善与人交往，又到了婚嫁年龄，这样就由父母做主，媒人主持召集比武，比武在所有参赛的"撮撮"之间进行，谁胜了，谁就是"莫日根"，自然就成为女方的夫婿。

↓ 莲花河口渔滩

第三种与第二种情况大致相同，所不同的是小伙子同追一个女子，女方为了在他们中挑选一个，就举行"比武择婿"。

比武分两大项比赛，一是捕鱼，二是狩猎。捕鱼是比赛划桦皮船和捕鳇鱼；狩猎也是两项比赛，一是射箭，二是与山上最凶猛的野兽徒手格斗。

捕鱼和狩猎优胜者即为"莫日根"，与"莫日根"组成家庭，日后会过上安康、富裕、美好幸福的生活，这就是赫哲姑娘向往追求的生活。

"过小礼"和"过大礼"

订婚　男方向女方求婚时，先由男方托媒人携带酒到女方家，酒壶上系一条红布，以示说亲。在饮酒中提及亲事，父母并女儿同意后，媒人给女方父母斟一杯酒；如果不同意就作罢。但有时一次未成，要来几次方能订婚成功。过一两天，媒人领着男子到女方家拜认岳父岳母，这时女子则藏匿窥探。若这时女方家无异议即可商议聘礼等事。聘礼的多少须双方商量才能确定，一般没有因聘礼的多少争执不休而使婚姻中止的。

"过小礼"　订婚不久，准新郎要送些酒肉等食物给女方，同时，在女方家中宴请男女双方长辈，而这时准新郎不出面。当男方见过女方父母后，就会送上彩礼的一部分，叫"过小礼"，赫哲语叫作"庙库妙库布仁"。过了小礼之后，两家才能正式商定"过大礼"和结婚日期。商量好后，亲事就算定了下来。赫哲人十分讲究信誉，一旦结成亲家，就必须结婚，永远不能反悔。

当两位青年的婚事确定下来后，两家共同商定彩礼的数额。彩礼多少是根据双方的家庭生活、社会地位等情况而决定的。如果家境富裕，就会相应多拿一些，如果家庭条件一般，女方也不会苛求。一般家庭是马一匹、猪一口、酒若干斤、衣服若干件。

↑ 展示"过礼"礼品

"过大礼" 在结婚的前几天，男方将全部聘礼由媒人带领新郎送到女方家，并带上一头猪和一桶酒为请客时用。这就是"过大礼"，赫哲语称"萨日来尼"，大礼一般为姑娘所要的衣服、被褥、家具、首饰或酒肉。男方在女方家摆设酒宴招待女方父母及老人，并商定娶亲日期。未婚夫要跪着向岳父、岳母及其他老人敬酒，并行叩首礼。宴后，岳父母、兄嫂及其他长辈赠礼物给新郎，大多是毛巾、烟荷包之类物品。

在订婚到结婚期间，姑娘都非常忙，需要赶制衣服、被褥和鞋袜等嫁妆。在这期间，如果男子出门经过岳父母家的村庄，必须登门问候，以示尊敬和亲善。若经过此地而不登门，不仅要引起岳父母家不满，还要受其他人指责，认为是不通人情、不懂礼节的行为。婚前几天，男方还要在家中摆设酒席，宴请双方长辈。

"彩船""彩橇"接亲

赫哲姑娘结婚时，要坐彩船或乘彩橇。

据老年人讲，早年赫哲人迎娶新娘时，男方要拿酒到女方家，然后拿出彩礼、银两或绸缎皮革，次点儿的用布匹代替。经过女方允许，男方在女方家留宿一夜，第二天清早带着新娘回婆家。婆家派人前来接亲，先是坐船，再步行到婆家。新娘到了婆家要对客人敬酒，客人还以布匹为礼。

彩船，是在捕鱼船上用柳条弯成弧形，用红布或花布蒙上，扎上一些彩布条，搭成彩棚，棚前有门帘，上挂一朵大花，一般是在春、夏、秋三季用。彩橇，是搭有彩棚的雪橇，由狗拉或牛马拉，一般是在冬季用。

赫哲族的婚礼一般是在早晨太阳出来时举行。他们认为东方初升的太阳是兴旺的象征。早晨太阳刚出来，新郎及娶亲婆、男女儿童各一人到女方家迎娶新娘。

在迎亲那天，新娘穿好婚服，带上头花，穿上花鞋，戴上蒙头巾，由哥哥抱上彩船。如果新郎家是同一村的，也得先上彩船，在江上转一圈，然后再接

↑ 彩船接亲

↑ 背新娘下彩船

新娘回家。

婚礼那天，新郎穿长袍，系腰带，挂荷包，斜披宽红带。去迎亲时人数是单数，回来时成双数。

新郎到女方家，向岳父、岳母磕头，老人给新姑爷披红带。新郎送上礼物，有猪、羊、皮袄、布等。新娘梳头打扮，由单辫改成双辫，挽髻于脑后，穿红袄、红裤，头戴花朵，蒙上一块红布。女方的兄弟姐妹和亲友携带陪嫁的物品，如衣服、被褥、箱柜、盆、镜等，送亲到男方家。但新娘的父亲不能去送亲。

↑ 新人拜见父母长辈

↓ 迎亲路上

婚仪"三拜"

把新娘子接到夫家后就要举行婚礼，一般天刚发亮时就举行
仪式。

赫哲人早年举行婚礼时，要让新郎和新娘拜天神、拜火神、拜
祖先神。祭拜仪式由村里有威望的老人主持。主持人手持用红布扎
的芦苇杖。拜完天地后，老人对新娘说一些"要孝敬公婆，尊从丈
夫，和气待人，爱护弟妹，好好劳动，勤俭持家，不乱传闲话，好
好过日子"等话。

天神是赫哲人最尊敬的神，赫哲语称"恩都力"或"飞由合玛
发"。婚礼上祭拜的天神是木刻的人形偶，人形偶的左右肩膀下刻

↓ 新人祈求早立子

有两个小木偶人形。祭拜天神的目的是祈求天神保佑和赐福，让一家人平安幸福。祭拜时，要点上香火，供上鱼、肉、水果等祭品。赫哲人认为天神常附在神树上，因此也常祭神树。祭天神和祭神树联系在一起，反映了赫哲人的树木崇拜。新娘在众妇女扶持下，与新郎交拜天地，相对叩头三次。然后新郎用箭头或马鞭将新娘的蒙头红布挑起甩在房檐上。

火神被称为"佛架玛发"，是木刻人形神偶。拜火神时，要往灶火里扔一些酒和食物，献给火神，祈求驱灾祛病，有吃有喝，全家平安。祭火神时，对火有一些禁忌，如点火时要磕头；烧火时，木棍的根要朝里，枝朝外；不能用锐器捅火。赫哲人拜火神，反映了他们古老的火崇拜观念。新娘要拜火神时，老人又嘱咐道：点火时要磕头；送柴入灶时，不得以柴梢先入灶门，须将柴根先送入；逆风燎烟时，不得骂灶；不能用火叉等锐器撞灶；烧火时不要蹲对灶门，须偏在旁边。

↑ 备酒迎亲

祖先神偶为两个木质人形神偶，身裹熊皮，平头的为男性，尖头的为女性。祖先神偶放在西炕的炕桌上，新郎、新娘焚香敬酒，在神偶前跪拜。祭祖先神反映了赫哲人的祖先崇拜意识，表现了对死者的原始宗教态度，其核心观念是深信祖先的

↑ 新娘"坐福"

灵魂仍然存在，并能够以不同的方式对其后代的生活产生影响。新郎、新娘进屋拜祖宗三代后，亲友中有一个老人手拿用三根芦苇结成的裹着红布的芦苇杖开始向新娘训话，大意是孝敬公婆，尊敬丈夫，和气待人，好好劳动，不要偷懒，勤俭持家，不要传闲话，好好过日子。这时新娘要洗耳恭听，不时点头表示照办。

随后，新娘坐在炕上，一直坐到送亲人要走时才下炕，俗称"坐福"。

吃酒席

当迎亲的彩船或彩轿回到男方家，男方的老人向女方的老人敬酒三杯，也向其他送亲人敬酒。

婚礼间由男方置办酒席招待乡邻和亲友客人，以示对女方的满意和尊重。男方待客时要对女方的娘家客人给予特殊招待，多上两道名贵菜肴。接下来，是一起喝喜酒，酒过三杯，由村里的歌手唱《祝福歌》，祝愿新夫妇恩恩爱爱，白头到老。歌词大意是：

天上的日月为你们祝福，
天上的星辰为你们证婚。
树林里的百鸟为你们歌唱，
大江里的鱼儿为你们起舞。

祝你们的生活幸福美满，
愿你们的后代兴旺发达！

酒席上要有一盘炖好的鲤鱼，必须是两条有头有尾的鲤鱼，这代表着两位新人今后"双双对对，有头有尾，永远到老，过着富裕美好的生活"。晚餐时，也要上两道特殊菜肴，一道是烹猪头或用猪头肉代替猪头，还有一道是酱猪尾。新郎必须吃猪头肉，新娘必须吃猪尾。这其中也有一定的寓意：新郎吃猪头，表示男人领头；新娘吃猪尾，表示女人跟随丈夫和睦过日子。新郎、新娘共吃猪头、猪尾，意在象征"有头有尾，首尾相连，永不分离，百年好合"。

在宴席上，新郎、新娘按桌给客人敬酒。酒席散后，新郎、新娘给亲戚朋友和长辈们装烟、倒水，一一拜认。老人会叮嘱："从前是外姓人，现在娶来了，成了一家人，要在一起好好生活，不要发脾气。"

新郎、新娘在新婚之夜，还要共吃面条，表示夫妻情意绵绵，福禄长寿。

入洞房后，由一位有威望的老人向新娘训话，告诉新媳妇要孝顺公婆，顺从丈夫，好好劳动，好好过日子。

新婚夫妇一般需要另行成立一个小家庭，与父母分开住。新媳妇过门后第二天一清早要早早起床拜见公婆和其他长辈，然后到院子里劈柴、挑水、做饭。这叫"考媳"，即看看新媳妇是否勤快能干。

求子习俗与禁忌

在赫哲先人的历史上，神树崇拜占据相当重要的位置。富饶神秘的树林，是养育赫哲人的摇篮，人们依赖它，同时也畏惧它。

据赫哲族老人讲，在街津口渔村村北，原先有一棵神树，被称为"飞由合"，它的树杆上有耳、目、口、鼻和脸的轮廓。逢年过节或有什么事情，人们就去神树跟前烧香磕头，敬酒供物，举行祈祷仪式。赫哲人认为，神树能保佑渔民多打鱼，猎人多打猎，没有孩子的可以求得孩子。

有一则传说，讲早年有那么老两口，身边没儿没女。老太婆天天给神树磕头求子，风雨不误，真感动了树神。树神托梦给她，告诉她把寒葱煮了吃，就能生个小子。十个月后，老太婆果真生下个大胖小子，起名寒葱，长大后成了"莫日根"。

这种求子习俗和传说，反映了赫哲人对树木的崇拜，尤其是对树木生命力的礼赞，和对新生命的呼唤。被当作神树的，多数都是大柳树，由此又反映了人们对柳树的崇拜。

旧社会，街津口赫哲人往往认为怀孕妇女有"脏气"，妇女怀孕后会有很多禁忌，不能参加婚礼和葬礼，不准跨过扁担、斧子、马套；不能砍河里拦网的柱子；不可倒头烧木柴；不能把口袋缝死；不能劈鱼头；不能从窗户眼向外看人……否则就会难产或生下的小孩长怪模样等。

进入分娩期的妇女，无论严冬酷暑，都不能在原来屋中居住，一般是在屋外搭建的撮罗子里居住，以免触犯神灵。撮罗子只有妇女才能进入，丈夫也不能接近，产妇大多由母亲或婆婆照顾。

孕妇生产时，由养育子女多或者有分娩经验的接生婆接生。婴儿出生后，用高粱篾片割断脐带；脐带脱落后，在婴儿肚脐上涂一些炉灰消炎。如果胎位不正，接生婆就动手将胎儿取出，脐带、胎盘一起埋在地里。

妇女生产后，一般要喝鲫鱼汤或鲶鱼汤催奶，不能吃生菜。坐月子期间也有很多禁忌：不能去井台，以免脏了井水；不能烧香，以免冲了祖先和神灵；不满月的产妇不能回娘家，或到别人家串门，否则娘家人或亲友家就会有人死去；产妇也不能到船上去，否则会打不到鱼。

因为认为产妇有"脏气"，所以她们所用的一切物品都要扔掉。过去很多产妇在怀孕期间使用的东西都很简陋，有时候很难御

↓ 桦皮育儿摇篮

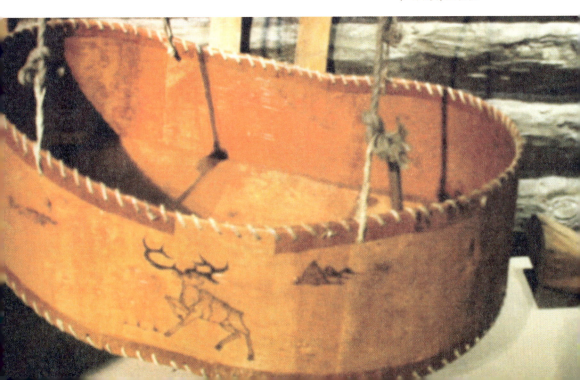

寒。产妇在怀孕期间得不到较好的照顾，分娩后，很快就投入劳动，往往易得产后病，中华人民共和国成立后婴儿的存活率也较低，基本在20%左右。

小孩子生下半个月后，要"吊"，即将小孩放在木板上，两头用绳子拴在房梁上，上面拴一些木质的小弓箭、小鱼叉或熊牙。小孩哭时，就摇动木板，据说可以驱邪避祸。

赫哲人的习惯是姓是姓，名是名，姓和名没有任何关联，比如姓葛依克勒，名叫福塔西，日常就叫福塔西，不带葛依克勒。给孩子起名很随便，有的以鱼为名，如叫嘎牙子；有的以物为名，如叫网坠；还有的以数字为名，如叫四十八。吴连升说他以前认识一个赫哲同胞，名字就叫作六十六。

新婚育观

中华人民共和国成立前，街津口地区人口总数没有明显增长。中华人民共和国成立后，特别是2000年以后的数据显示，街津口地区总人口数和赫哲族人口数都有大幅度增长。

改革开放后，农村经济搞活，社会经济快速发展，人民生活水平大幅度提高，与之相应的医疗卫生和居住环境大为改善，这成为街津口地区人口数量大幅增长的基础。

据统计，"十五"期间，街津口地区人口平均增长0.8%，赫哲民族多胎的出生率明显下降。单以街津口渔业村为例，全村

19—35岁的人口最多，36—55岁的人口次之，再次是13—18岁的人口，这说明，渔业村的人口构成是以中青年为主体，老人和孩子较少。渔业村男性179人，占总人口数的42.2%，女性245人，占总人口数的57.8%，男女性别比为0.73∶1。

实际生活中，赫哲人的婚育观念发生了很大变化。街津口渔业村的孙玉华夫妇均是赫哲族，生了两个女孩后，就采取了永久性的节育措施，把主要精力放在劳动致富上，对两个女儿也舍得培养投入，大女儿毕业于齐齐哈尔大学，二女儿毕业于大庆师范学院。可以说，赫哲人如今已实现生活、生育方式的历史性变革。

传统文化教育

赫哲人的传统教育方式一般都是言传身教，内容大多是富有渔猎特点的与生产生活紧密相连的生活常识和生产技能。

幼儿时期，家长就十分重视对孩子的教育。一开始先给孩子讲述有关街津口的传说和故事，让他们了解家乡的山山水水，诸如《街津山的传说》《莲花河的来历》《老人山的来历》《寒葱沟的传说》等，以及关于虎、熊、鹿等有灵性动物的美丽传说，让孩子认识这个美丽的地方，培养对山、水、动物的热爱之情。

当孩子长大一些，能走能跑了，大人就教孩子一些如何保护自己的基本方法，例如，哪些河段不能游泳，哪些野果有毒不能吃，同时也传授一些简单的采集知识。这一时期还教会孩子尊重长辈、尊重客人的礼仪。

捕鱼、打猎对于赫哲人来说最为重要，因此在孩子小时，就让他们熟记一些捕鱼、猎兽的工具，并且培养他们勤劳勇敢的性格。当孩子到了能够渔猎的年龄，就教给他们捕鱼、打猎的知识，如怎样使用不同的渔具、猎具，如何在不同季节捕猎，怎样在不同的水域捕鱼，熟识不同种类的鱼和不同猎物的习性。同时，还要了解捕鱼、狩猎的一系列禁忌，如怎样祭拜河神、山神等。

赫哲族文化的传承是校本课程开发的重要内容，对学生具有非常大的吸引力。近些年来，学校把赫哲族的语言、体育、艺术和历史知识搬到课堂上来，并作为课改实验的一个课题进行研究、探索与实践，制定并开设了民族体育、语言、历史、歌曲、舞蹈、手工

↓ 街津口中心小学

艺等教学科目。

街津口中心小学根据民族自身特点，在校内开设关于赫哲族文化的校本课程。学校将校本课程分为单设科目和普通科目，其中单设科目是赫哲族语言。单设科目独立成为一门学科，有独立的教材，平时单独授课，结课时与其他科目一起安排考试。普通科目设立较多，有德育教育、赫哲族历史、赫哲族音乐、赫哲族民族体育、街津口地区特产，等等。普通科目并不单独成科，而是掺杂在各科（历史、音乐、体育、地理）之中，如赫哲族历史的教学糅杂在历史课之中，由历史教师自己安排授课进程，使学生除了学习国家规定课本之外，对本地区历史、民族有更深入的了解；赫哲语音乐穿插在普通音乐课之中，也是由音乐课教师自行安排，使学生了

↓ 街津口中心小学赫哲语教学课堂

解民族音乐。按照学校规定，赫哲族语言课、赫哲族历史课要由赫哲族教师进行教学。这不仅使得教学内容更加丰富、有特色，也是学校对赫哲族文化进行传播、继承的方式。

学校开设赫哲族语言一科后，赫哲语教师采取边收集材料边编书，边学边教的方式进行教学。最初的教材是教师自己编写的，采取小班教学方式授课，将赫哲族学生单独归为一个班级授课，课程结束后和其他同学一起学习其他科目。之后，学校继续扩大赫哲语教学规模，要求从三年级到八年级的学生都要学习赫哲语。学期末与其他学科一同考试，试卷由任课教师自己出题，内部评分。学校也经常聘请一些精通赫哲语的人为学生们做讲座，以补充课本上的不足。目前，赫哲语的教学得到许多家长的支持，学生的学习热情高涨。

民间医药和治病神图

赫哲人在与疾病和恶劣环境斗争的过程中，积累了许多民间医药偏方。例如，小孩出生后，在剪断的脐带上抹些炉灰消炎；患眼病时，抹些熊胆汁；骨折或腰腿痛时，煮马尿臊（一种树芯）的汤喝；抽筋时，煮大马哈鱼头汤喝；刀口伤，用鹿茸血抹伤口处；牙痛时用棉花蘸烟袋里的烟油子塞牙缝里；头痛时，用拔罐子、刮痧等方法治疗。

早年，赫哲人请萨满治病。萨满治病，常常是跳神驱魔，另外还挂一些治病的神像。赫哲族民间文艺家尤志贤曾见过这种萨满治

病神图：上部绘有天空和雷神，正中央是
清廷官员，两边各站着四个头戴瓜皮帽、
身穿长袍马褂、手持三角旗的侍卫；下部
画有供桌，桌旁站着两个叉腰而立的萨
满，还有两只老虎和两个爱米神偶。赫哲
族民间文艺家尤金良小时候也见过一幅萨
满治病神图：上部绘有九个吉尔基（保护
神）猎神神偶，下部绘有一大一小两只老
虎，大的老虎正在啃一棵树的叶子，树枝

↑ 萨满为病人击鼓求神保佑平安
（1963 年）

上挂有两个额其和（家神）神偶。神图多曲线条勾绘，简洁流畅，
十分生动形象。

中华人民共和国成立以后，赫哲族居住的乡村都有了卫生院和
卫生所，医疗保健水平有了很大提高，很少有人用偏方治病了。但
是有些偏方至今仍在民间流传，这是赫哲人在长期生活中的经验总
结，有其一定的科学性。

从改革开放到社会主义新农村建设，国家对乡村卫生医疗工作给予
了足够的重视，对乡村两级的医疗卫生工作也投入了大量的资金、设备
以及优秀的医疗人员。同时还帮助街津口乡卫生院建立了新的医疗用房
和办公楼，全院占地面积1200平方米，使用面积600平方米。为了提高乡
村卫生医疗水平，国家卫生健康委员会和黑龙江省卫生厅为街津口乡卫
生院配备了各种现代化的设备，极大改变了医疗工作环境和农民的就医
环境。村民们一些常见病都是在乡卫生院就诊治疗，疑难病、重病去上
级医疗部门就诊。实行新型农村合作医疗制度后，农民看病花钱少了，
很多从前因不舍得花钱而延误病情的情况大为减少。

赫哲族传统的娱乐活动常常伴随着其他习俗事象而出现，与其民族精神融为一体。其内容比较广泛，种类繁多，主要有游戏性娱乐、竞技性娱乐、说唱性娱乐、舞蹈性娱乐、宗教性娱乐等。这些文体娱乐活动的产生和发展与赫哲族渔猎生产及宗教祭祀密切相关。

↓ 鹿神舞

第十章
文体娱乐

"撮撮"游戏

　　赫哲语称男青年为"撮撮"。赫哲族青年男子的竞技性娱乐游戏很多，玩法独特，娱乐性强，一般表现为力量和技巧的角逐，具有娱人娱己的作用，既满足了好动贪玩的天性，又在游戏中培养了劳动技能和健全的体魄，"撮撮"游戏大多与渔猎生产息息相关，主要有射箭、赛船、角力、叉鱼、滑雪、跑山、叉草球等。

　　射箭，主要是模仿打猎，用柳木做成弓，木棍做成箭，一般选择几棵成行的树，各砍去一块树皮，将裸露处作为目标，谁在规定次数内射中最多即取胜。

　　攀杠子，是将两根木棍的一头埋入地下，棍长一般长过身高，中间架上横梁，在上面翻跟斗，与现在的单杠有些相似。

　　玩冰磨时，在冰上竖起一个柱子作为中心，再用一根横木穿进去，一端着地，系上爬犁，另一端是磨把，推动磨把，爬犁就可以转动了。

　　赛船，是在江中划桦皮船，参赛者十余人，每人一船，赛程为五里至十里，待一声令下，桦皮船犹如离弦之箭在江面上破浪飞驰，江岸上人群欢呼加油，热闹非凡，颇有情趣。

↑ 顶杠运动

↑ 鱼王角力

跑山，是在春暖花开之时，成群结队的青年男子进行爬山比赛，多选择陡峭的山路，谁先到山顶谁为优胜者。跑山需要耐力，又要有技巧，还要选择好山路，是一项富有情趣的竞技性娱乐活动。

"杜烈其"

"杜烈其"，赫哲语为"争夺"的意思，它是集跑、跳、摔等各项技能为一体的一项综合性民族传统体育活动，是街津口赫哲族部落里一代又一代青少年们尤为喜爱的传统体育活动之一。"杜烈其"，最早起源于赫哲族的"挡亮子"这种捕鱼生产，后演变为一项传统体育活动，原称"跑万岁""跑趟子"，1988年在赫哲族第二届乌日贡大会上，正式定名为"杜烈其"。

↑ "杜烈其"

"杜烈其"比赛，分为人数相等的两队，在一空地的场区进行跑、跳、摔等攻守竞技。攻方攻入守方营垒，或一方使得另一方队员全部出局，比赛即告结束。率先攻入营垒或使一方队员全部淘汰出局的为胜方，比赛采用三局两胜制。

自1991年，民族文体大会被确定为赫哲族"乌日贡节"后，"杜烈其"及其他赫哲族体育竞技项目飞速发展，赫哲族几大家族成员参加了全国第四、六、七、八、九届少数民族传统体育运动会，整理并主持表演的"杜烈其"连获一等奖，在"杜烈其"的抢救、保护和传承上作出了突出的贡献。

叉草球

叉草球，是街津口赫哲族青少年传统的娱乐活动之一，赫哲语称"务洛克特乌力别乌尼"。2007年，经黑龙江省人民政府批准，赫哲族叉草球被列入黑龙江省级非物质文化遗产名录。

叉草球是青少年喜爱的游戏，参加人数不限，分为两队，两队保持一定距离，中间画一条线为界，每人手握一把木叉，先由甲队中一个有力气的人将草球掷向乙队上空，这时乙队的人举木叉叉球，若叉住了球，乙队向前移动二十步，甲队后退二十步；再由乙队掷球甲队叉球，这样反复玩下去，其中一队向前移动超过了规定的界限就算胜利。

↑ 叉草球

另一种玩法，是预先规定叉草球的个数，哪个队先达到个数就获胜。游戏时，人人争先恐后，盯着草球，举叉跃起，以叉住草球为荣耀；而掷草球者想方设法不让对方叉住球，这就需要谋略和技巧，比如虚晃迷惑对方，将球往对方人少或跑也赶不上的地方掷，队员来回奔跑，气氛热烈。这种叉草球游戏，能够培养游戏者沉着判断和快速反应的能力，更主要的是通过模仿抛鱼叉叉鱼和用激达刺杀野兽的狩猎场景，增强青少年的渔猎本领。

欻"嘎拉哈"

欻"嘎拉哈"，是深受街津口赫哲族妇女和女孩子喜爱的游戏。

"嘎拉哈"，是野兽后腿上的髌骨，即连接腿骨和胫骨的一块骨头。游戏多用鹿、狍、獐、羊、猪的髌骨，嘎拉哈呈六面体，四大面有不同的名称，即"肚""耳""轮""坑"，可卧可仰，可侧可立，利用四大面的不同组合进行游戏，有多种玩法，赫哲人多采用弹的方法：坐在炕上或地上，一人先抛出一"嘎拉哈"，另一个人拿一个"嘎拉哈"用拇指将其弹出，击中前一个"嘎拉哈"归己，不中则放在地上。欻"嘎拉哈"充满轻松愉快的气氛，乐趣无穷，能锻炼手疾眼快，使游戏者动作敏捷，反应迅速。

说唱艺术"伊玛堪"

"伊玛堪"，是赫哲族最著名的民间说唱文学，被誉为"赫哲族民族英雄史诗"，其中含有丰富的历史及文学内涵，是赫哲族独有的以赫哲语表现的民间口头说唱艺术，历史悠久。说唱

↑ 孩子们在传习所和奶奶学习伊玛堪说唱

↑ 伊玛堪传承人交流说唱技艺

↑ 传承人为游客表演伊玛堪说唱

伊玛堪的内容包括赫哲族历史上的英雄故事、萨满求神、渔猎生活、风俗人情和爱情故事等，具有鲜明渔猎文化和地域特征。多数伊玛堪描写的是赫哲族英雄的故事，也有的描写赫哲族迁徙的历史，还有一些是叙述青年男女的爱情故事。这其中也反映了赫哲人对真善美的热爱和对英雄的向往，以及赫哲族早年的社会风俗和宗教信仰。

无论是在苦难的岁月里，还是在欢乐的喜庆吉日，伊玛堪都是最受赫哲人欢迎的表演节目之一。说唱伊玛堪的场地有的在渔滩船头，有的在大屋炕上，有的在山里狩猎者围坐的篝火旁。情节叙述用说，人物对话用唱。唱的曲调各异，有老头调、妇女调、小伙调、萨满调等。长篇伊玛堪可以说唱上十天半月，短篇的也就是一顿饭工夫。街津口赫哲人倾听着神奇的演唱，无不被歌手娓娓道来、曲折离奇的故事所吸引，时而哭泣，时而欢笑。

五六十年前，街津口的赫哲老人几乎全都会唱伊玛堪，有的一家人都是歌手。说唱伊玛堪的歌手被尊称为"伊玛卡乞玛发"和"伊玛卡乞尼傲"。说唱者是不脱离生产劳动的民间艺人，表现手法是说与唱相结合，无乐器伴奏。在街津口，比较出名的歌手除尤树林、尤金良外，还有何山、吴国祥、尤撮撮、女萨满尤赫金、老根尔都、三福玛发、尤贵连、古驼力等。

↑ 尤金良（后中）在树荫下说唱伊玛堪

2006年，"赫哲族伊玛堪"先后被列入黑龙江省首批非物质文化遗产名录和国家级非物质文化遗产第一批名录。在第六届联合国教科文组织政府间保护非物质文化遗产委员会会议上，"赫哲族伊玛堪"被正式批准列入"亟须保护的非物质文化遗产名录"。

现在已被采录的伊玛堪有30部左右，富有代表性的有《安土莫日根》《香叟莫日根》《木竹林莫日根》《希特莫日根》《阿哥第莫日根》《满斗莫日根》等。

↑ 伊玛堪传承人尤文凤在给孩子们传授说唱技艺

街津口赫哲村成立了伊玛堪传习所并建立了赫哲族伊玛堪艺术团，黑龙江省非物质文化遗产中心在街津口建立了赫哲族伊玛堪传承基地，传习所、艺术团和传承基地聘请国家级伊玛堪传承人吴明新和省级伊玛堪传承人尤文凤进行现场授课。目前掌握赫哲族语言的赫哲族居民已达到80余人，有40多名学员会说唱伊玛堪段子，新涌现出众多的伊玛堪演唱歌手。

口头文学

据赫哲族伊玛堪歌手尤金良讲，街津口赫哲族说的赫哲语又叫
"奇嫩语"。赫哲语属阿尔泰语系的通古斯—满语族之满语支。会
说赫哲语的老人认为，中国境内的赫哲语主要分为奇嫩语和赫真语
两种方言。因赫哲族居住区域不同，存在着语言差异。同江市勤得
利以上至松花江下游一带为奇嫩语区域。

↑ 非遗传承人尤秀云在风情园为孩子
们讲述赫哲族民间故事

在街津口，60岁以上的老人还大都能
较为流利地讲赫哲语；60岁以下至40岁
的人中，有一部分人能听懂本民族语，但
不会讲。对赫哲语来说，它的载体就是民
族的历史和文化，诸如渔猎生产、生活方
式，萨满祭祀，传统文娱等。赫哲语不仅
是赫哲族家庭成员之间、本族居民之间交
往的重要工具，还是赫哲族的民间口头文
学的重要传承工具和载体。

赫哲人的民间说唱文学极其发达，内
容非常丰富，形式多种多样。

街津口流传的神话具有浓厚的渔猎色
彩。每篇神话，几乎都和打鱼、狩猎有联
系。例如《恩都力造人》中提到，天神把
泥人放入大鱼口中，雨过天晴，"小泥人
自己从鱼口里活蹦乱跳地跑了出来"，明

↑ 伊玛堪传承人尤秀云传授说唱技艺

显地表现了赫哲人对鱼的生殖崇拜；《莫日根射日》提到了赫哲人狩猎用的工具——弓箭；《金鲤鱼与黑龙》中又提到了鱼和黑龙江里的龙王；《北斗》提到了晾鱼架；《彩虹》提到了阴雨连绵使鱼毛、鱼条发霉；《天河》提到了小伙子到天河里打鱼……清晰地反映了赫哲族先民的原始渔猎生活和他们对大自然奥秘的理解和认识。

街津口流传的"特伦固"（民间传说），有的讲述街津口的山水，如《街津山的传说》《莲花河的来历》《老人山的来历》《寒葱沟的传说》等，具有丰富的想象，奇特的夸张，充满了浪漫主义精神。街津口赫哲族世代居住在群山叠嶂、江河奔腾的三江流域，飞奔的鹿、水中的鱼、高耸的山、奔腾的水，洋溢着特有的诗情画意，比如把黑龙江边的红沙土想象成是当年三个太阳烤红的，可以知道赫哲族先人的生活曾经历过三个太阳时期（《莫日根射日》）；把七色彩虹大胆想象为老渔民的腰带（《彩虹》）；把北斗七星夸张为是由四根歪歪斜斜的晾鱼架（杓头）和老渔民夫妇及新姑爷三人（杓柄）被大风刮到天上变成的（《北斗》）；把天上的明亮星条（银河）夸张成一条天上的河（《天河》）；如《街津玛发》《青龙山》《得勒乞》等都是讲的赫哲人所居住区域内的街津山、青龙山、得勒乞崖等故事；《金鲤鱼和黑龙》《白龙和黑龙》《除恶龙》都是发生在赫哲人的居住地——黑龙江上的神话；《胡萨》《圣开列花》和《滑雪板》，是描述街津口特色动植物或土特产的；《圣开列花》则讲述了一位姑娘刺杀恶龙，为民除害的故事；《滑雪板》讲述的是聪明的猎人为了更好地捕猎发明滑雪板的故事；还有的是讴歌英雄、赞颂正义的民间生活小故事，如《粗心的猎人》和《姑娘和猎人》；《白城人的后代》讲述的是赫哲先民的迁徙，白城被攻破，金兀术带领百姓逃到黑龙江的故事，等等。

"嫁令阔"，是赫哲人的民族歌曲，具有浓郁的赫哲族地方特色，曲调轻柔悠扬，种类繁多，包括情歌、儿歌、劳动歌、仪式歌等。演唱时，经常出现的"赫呢哪"是无实际意义的虚词，只是为了表达心情。著名的《乌苏里船歌》就是"嫁令阔"。

街津口流传的谚语主要源于生活、生产实践，如"白城人的后裔，七姓氏的后代"；"夏天穿鱼皮，冬天穿狍皮"；"劈柴劈小头，问路问老头"；"山里的獐狗野鹿打不尽，水中的金鳞银鲑捕不完"等，反映了赫哲族的历史渊源、生活经验和生产方式等。

和谚语一样，街津口流传的歇后语也极富地方特色，如"大马哈鱼回娘家——甩子"；"黑瞎子叫门——熊到家了"；"赫哲人的猎狗——金不换"；"锯了嘴的葫芦——一言不发"等。

"特伦固"里的抗日故事

"特伦固"，是一种讲述现实生活中真实故事的叙事形式，它内容广泛、篇幅短小，要求情节以"事实"为依据，记录族源史、英雄史、反抗斗争史。

街津口地处黑龙江南岸，抗日战争时期，毗邻苏联远东地区，这里既是日本关东军严防死守的敏感地区，也是东北抗日联军进入苏联的边境地区。在抗日战争中，街津口始终受到敌我双方，乃至苏联的极大关注。抗日义勇军、东北抗日联军在这里开展游击战争。赫哲族人民或参加抗日队伍，或为苏联红军提供情报，英勇不屈，不怕牺牲，谱写了不朽的英雄史诗。

多年来，街津口赫哲族民间文艺家致力于收集流传在当地的赫哲族人民抗日事迹，深情讴歌赫哲人英勇无畏的反侵略、反压迫、反欺凌精神，再现了那段血与火的历史。将这些久远的、散落于民间的历史碎片，进行拼接整合，变成了活生生可以触摸的历史，引人瞩目，令人热血沸腾。

有关赫哲族人民抗日的"特伦固"一直在民间流传。它的题材与形式具有不可重复性和不可替代性，街津口的参战者和民间文艺家用清新、通俗、民族个性化的语言风格去追溯和再现那段悲壮的历史，塑造和赞美了那些气贯长虹的"莫日根"。

在街津口，流传的赫哲族抗战"特伦固"有上百个，有傅明山讲述的《青龙岗三歼日军》《兄弟莫日根》，傅中华、李和讲述的《寒葱沟的战斗》《图斯克的战斗》《缴获船兵的武器》，尤贵连讲述的《金沙岛上的地下斗争》，尤青山、李桂林讲述的《哈鱼岗遇险》，傅文祥讲述的《义勇军会聚街津口》《七星岗伏击战》《虎林攻城战》《从伯力到新疆》，董贵福、毕发祥讲述的《斯大林奖章是怎样获得的》，尤金良讲述的《海军起义》《巧渡漂筏甸子》《喊话退伪警》《莲花河畔歼日寇》《圈里河阻击战》，等等。

《乌苏里船歌》首唱的地方

乌苏里江来长又长，

蓝蓝的江水起波浪，

赫哲人撒开千张网，

船儿满江鱼满舱……

　　街津口是《乌苏里船歌》诞生的故乡之一，赫哲族的历史恰
似这首船歌，悠远绵长。赫哲人前进的脚步也正如这首船歌，伴着
时代的节奏，常唱常新。这首歌虽然写的是乌苏里江流域的赫哲
族，实际上黑龙江流域的赫哲族同样为之提供了创作素材。赫哲人

↓ 水鸟乐园

唱着《乌苏里船歌》，踏上了幸福生活的道路，在党的富民政策指导下，赫哲渔民实行了联产承包制，黑龙江上出现了父子船、夫妻船、兄弟船。为提高生产效率，党和政府贷款给渔民的船上安装了机器，结束了摇橹扳桨的生活。当初黑龙江畔的小小渔村如今已经变成了全国知名的街津口赫哲族文化旅游之乡。

赫哲族是个渔猎的游移民族，自从定居后为了不忘这个传统的习俗，赫哲渔民祖祖辈辈每到初秋的白露时节，就像南飞的大雁一样，从黑龙江下游划船到一千多里外的乌苏里江（白灯滩）捕捞洄游的大马哈鱼，捕鱼间隙创造了赫哲民间小调。

1962年，郭颂、汪云才、胡小石正值青年时期，凭创作激情来到街津口体验生活。在街津口，他们和赫哲人同住撮罗子，饕餮刹生鱼，痛饮大碗酒，下江划船下网，在渔滩围着篝火说唱伊玛

堪，讲特伦固，唱嫁令阔，积累了"渔歌""乌苏里芒莫"（"芒莫"，江的意思）等大量民歌素材。

当时，赫哲族民间伊玛堪说唱家吴连贵参加过国庆观礼团，他很喜欢用箫吹奏赫哲民间小调，汪云才和郭颂发现他吹奏的"想情郎"曲子非常优美动听，既活泼欢快，又情意缠绵。吴连贵介绍说，这支曲子表达的，是心爱的人儿到远方去了，姑娘在夜深人静时思念离别日久的情郎而不禁低声吟唱。汪云才、郭颂就以这首曲子为原型和基调进行整理、艺术加工，胡小石推敲琢磨配词。经过半年多的反复修改，多次吟唱，由最初的五段精炼成三段，最终创作出了优美动听的《乌苏里船歌》。

当时他们抑制不住创作的激动和对艺术的执着追求，把群众召集在街津口临街的一座大草房里，由郭颂给赫哲渔民多次反复试唱，听取群众意见，结果得到阵阵掌声，深受赫哲群众的喜爱。

赫哲族作家孙玉民庆幸自己也是《乌苏里船歌》首唱的见证人，他清楚地记得，自己当时还是小孩子，挤在人群中，和大人们一起聆听，一样叫好，一样欢呼。

由此，《乌苏里船歌》唱遍黑龙江，唱遍全国，唱响全世界，赫哲民族乘着这首歌的翅膀也飞遍了全世界。1980年，《乌苏里船歌》被联合国教科文组织选为亚太地区音乐教材，并把它送入太空。

孙玉民说，赫哲民族通过《乌苏里船歌》而誉满全球，为世人所喜爱和向往，如果没有汪云才、胡小石、郭颂等人的艺术编创，就没有《乌苏里船歌》，赫哲民间小调就成为沙中黄金，不会放出耀眼的光辉。赫哲人民是感谢这些人民音乐家的，他们被赫哲人民所爱戴，所尊敬，所铭记。

↑ 街津口村莫日根路

↑ 街津口村莲花河桥头

口弦琴的传说

　　赫哲人的传统乐器多已失传，流传到现在，在街津口能见到的只有椭圆形单面鼓和口弦琴。

　　口弦琴，赫哲语叫"空康吉"，是一种吹拨乐器，用铁丝折成三角形，中间嵌上细长的钢片，制成舌簧，把琴含在口唇之间，用手弹拨舌簧，随着需要的音节来呼气，使乐器产生高低音，发出嗡嗡的声音，多演奏悠扬悲哀之调。

　　制作口弦琴的原料，最早是用两片树叶，含在嘴中吹，后

↓ 赫哲老艺人孙友才在弹奏口弦琴

来采用削薄的木片，直到20世纪20年代初，才使用粗铁丝折成外壳，中间嵌上细长的钢片，含在口唇弹拨。街津口的赫哲族青年喜欢用口弦琴表达自己对恋人的思念之情。

↑ 口弦琴

关于口弦琴，在街津口流传着这样一个传说。

从前，可怕的瘟神降临，使一个屯的人都死了，只剩下一个刚吃奶的小女孩。有位过路的老人把她抱去，抚养成人。后来，老人把一切都告诉了她。姑娘伤心地哭泣，把嗓子哭哑了。老人给她做了个口弦琴，使她又能唱又能说了。

不久，口弦琴被兽神偷走了。姑娘历经艰险，找到了兽神住的山洞，找回了自己的口弦琴。看守洞门的石头老人对她说："姑娘，你的口弦琴被兽神吹过了，成了宝物。你拿走它，能救活死去的双亲和乡亲们，不过三天之后，你会变成石头人。"姑娘回答："为了救活双亲和乡亲们，自己变成石头，心甘情愿！"石头老人用石天鹅送姑娘回故乡，姑娘救活了乡亲，见到了生身父母。三天后，她真的变成了一尊石头人。可口弦琴从此一代又一代流传下来。

如今，人们一弹拨起口弦琴，就会想起那个善良美丽的赫哲姑娘。

中国民间
文化遗产
抢救工程
THE PROJECT TO CHINESE
FOLK CULTURAL HERITAGES

SOS

　　一山一传说，一水一歌谣。街津口，以她秀丽的山光水色吸引中外游客，是一个有名的自然风景区。为了挖掘、整理、繁荣赫哲族文化，满足五湖四海的游客多样化的文化需求，许多赫哲人开始从事旅游业，他们把旅游业与人文精神相结合，使街津口成为黑龙江的"边陲名胜"。

↓ 清凌凌的莲花河

第十一章

黑龙江畔的
"边陲名胜"

街津口十景

赫哲老诗人赵汝昌这样赞美街津口：

街津口，街津山，

峰环三面水一湾；

应是地灵人杰处，

不亚塞北小江南。

↑ 钓鱼台

↑ 青龙河畔

街津口除了迷人的赫哲风俗外，其风景秀丽，如诗如画。每当有外地人来时，街津口人都自豪地掰着手指介绍"街津口十景"。

街津山　位于黑龙江边，传说是街津（盖金）老人看守黑龙的地方。从这里登高望远，大江、渔村，青山绿水，尽收眼底。人们赞颂这位街津老人的崇高气节，有歌唱道：

临江独立已千秋，满身风霜满脸皱；

敢与黑龙斗高下，不叫黎民吃苦头。

钓鱼台　位于莲花河口，钓鱼台下水深流急，鱼儿成群，钓鱼者总是收获颇丰，故名。有歌唱道：

迎风斗浪立边陲，造福赫哲不知累；

渔民过上舒心日，盈盈同乐喜挂眉。

斩妖石　位于钓鱼台旁，即传说中的英雄斩龙之石，至今斩妖石上剑痕累累。有歌唱道：

刀光剑影早逝去，花红草绿春满园；

珍惜今朝幸福日，不忘英雄美少年。

得勒乞　位于街津山东，临江伫立的一块数人高的巨石酷似一位老翁，人称得勒乞。石上方长着两处青苔，宛如一对剑眉。传说，早先有一位狩猎英雄，他飞箭能射雕，赤手能逮熊。后来年老了，精力衰退了。有一次，他吃力地撵一头鹿，撵到江边，鹿早已游到对岸去了，老人气得直跺脚，叹息道："人老了，不中用了，笨得像块石头模样！"后来，老人就变成了一块巨石。

青龙山与寒葱沟　位于街津口南，传说古代有位莫日根，为拯救部落，与害人的青龙相搏，同归于尽。青龙变成山，莫日根化作寒葱，世代看守青龙。

望江亭　位于街津山顶，既可看黑龙江浩浩东去的雄姿，又可看街津口的全景。据传说，有个猎手去江北狩猎，一去不归，妻子在此望江盼夫归来，故名。

通江桥　位于村北，站在通江桥桥头，可观日出日落，欣赏村头绿树环绕，清泉叮咚，鸟语声脆，一派田园风光。

青松沟　在街津山东，青松林立，景色幽雅。

涌金泉　位于青龙山南，这里四季泉水长流，水中金沙闪烁，故有此名。相传，黑龙曾在此栖身，后搬江中，留下泉眼。

钓鱼台

　　北山为街津口的天然屏障，山下江中有一馒头形怪石，与北山只有一线山路相通，江水泛滥时就与北山相隔，形如孤岛，这馒头形的巨石就是名闻遐迩的"钓鱼台"。嶙峋礁黑的钓鱼台，迎着滚滚东流的黑龙江水，它站立在江中，搏击激流，迎风斗浪；而在宁静的时刻，它又衬托着柔美宁静的江水，尽现独特的山水情境，是天造地设的绝妙佳景。自古以来，钓鱼台巨石自然而然地成为街津口的形象象征。

　　关于"钓鱼台"的传说很多。有一则传说讲的是这大石砬子是由独角龙头变的：有一年，独角龙作怪，百姓无法安生。有位青年

↓ 观景台

莫日根不怕艰辛，走到海边，从山峡神处求得神剑，回来后砍掉了独角龙头，独角龙头掉入江中，变成了巨石。传说中的斩妖石，位于钓鱼台旁，即传说中的英雄斩龙之石，至今剑痕累累。

↑ 俯瞰钓鱼台

钓鱼台下水深流急，终年不见江底，就是江水撤到最低水位，也见不到江底。涡流连着激流的水是鱼儿最喜欢待的地方，因此，钓鱼台下水深鱼多，这里有着很厚的鱼层。早年，赫哲渔民站在钓鱼台上撇甩钩（甩钩是用三个撬钩组成的，有拳头那么大），不用诱饵，由于钓鱼台下大小鱼儿非常多，把甩钩甩进水中再猛抽出来，就会挂上鱼儿。每到冰封雪覆的冬季，钓鱼台下聚集了很多冬钓的人们。远远望去，挥杆舞臂的赫哲人身穿红红绿绿的冬装，聚集在高耸的钓鱼台下，展现了赫哲族独特的冬趣雪韵。赫哲族渔民毕春胜曾在钓鱼台下用一寸多长的鱼钩钓上来三百多斤的大鳇鱼。

得勒乞山的传说

在波涛汹涌的"萨哈林茫莫"（黑龙江）江畔，坐落着美丽的街津山。秀丽多姿的山岩，独具一格，给人以丰富的想象。其中的得勒乞山十分险峻，山的前身探入江中，把江水堵起很大的漩涡，使水流改变了方向，直奔对岸冲去。在那高高的山岩顶端，屹立

月映街津

水草青青

芦荡归舟

高台长河

冰凌晶莹

亭亭玉立

盛日彩影

↑ 花香得勒乞山

着石头玛发（老头）和一个石头玛玛（老太太），身边还有一只石狗，他们隔着江水凝望着对岸的一只石鹿，仿佛在想着什么……

说起这两位石头玛发和石头玛玛，伊玛堪歌手尤树林讲述了一个动人的故事。

很久以前，在街津山东部山下有一个悦洪（屯子），居住着一位名叫得勒乞的年迈的赫哲族老猎手，他和老伴过着平静的日子。

得勒乞童年时期失去了双亲，大自然的风雨，艰苦惊险的渔猎生活，把他锻炼成一位勇敢倔强的莫日根。

他神通广大，能变幻各种各样的花木鸟兽，能呼风唤雨，还能召集各路神仙。他走路急如流星，獐、狍、野鹿望尘莫及；他力大如牛，百十来斤的野兽在他手中轻如鸿毛；他武艺高强，激达和弓箭百发百中；他生得魁梧英俊，天宫仙女也来向他求爱。他在赫哲族中英名远扬，人人都崇拜他。

得勒乞玛发年轻的时候，养着一条忠实的嗅觉最灵的依那肯（狗）。在一个秋天的早晨，他背上了弓箭，领着猎狗去打猎。他发现了一匹马鹿，刚要拉弓，马鹿就跑起来了，眼看弓箭要够不上了，他就放下弓箭追着鹿跑。他跑几步鹿也跑几步，他慢走几步歇口气，鹿也慢走。这样反复多次，得勒乞玛发累得满头大汗，肚子也饿了。追到了一个山顶，得勒乞玛发一看时机已到，拉开弓箭，马鹿一看插翅难飞，无处可逃，就跳下山涧凫江水而过。得勒乞玛发瞪眼望着过江的马鹿，他变成了石头，他的猎狗也蹲在他身旁变成了石头。那只马鹿渡过江后累得筋疲力尽，回过头来站在对面也变成了石头。

再说得勒乞玛发一天到晚也没回来，得勒乞玛玛心急如焚。全屯子男女老少都上山去找，找了三天三夜也没找到，第四天得勒乞玛玛发现，得勒乞玛发和猎狗已经变成了石头。她站在得勒乞玛发身边往江北对面望，看看到底是怎么回事，看到对岸一个石头马鹿往江南望着，她望着望着也变成了石头。

人们为了纪念夫妇俩，把这座山起名叫得勒乞山，把石头砬子起名为得勒乞石头砬子。

第二年春天，全屯子去祭拜这两位老人时，发现得勒乞山上开的都是圣克利（达紫香花）。每到圣克利开放的时候，人们便到得勒乞山上采来以表达对这位赫哲莫日根的怀念之情。

赫哲民族文化村

街津口有一个了解赫哲族历史文化的好去处，那就是街津口赫哲民族文化村。这是一个具有浓郁赫哲风情的集展览、表演、民族手工业、饮食文化、住宅文化为一体的赫哲民族文化村。

赫哲民族文化村位于距街津口两公里的南部街津山上，占地面积36万平方米，1999年9月开工建设，2003年全部竣工。由于赫哲民族文化村内设有赫哲族民俗博物馆、赫哲族特色表演舞台、萨满神宅和婚礼广场等多处带有赫哲特色的文化景观，当地人就取名

↑ 赫哲青年迎接游客

叫"赫哲风情园"。村内，街津口早期赫哲居民的古老历史呈现在眼前，浓郁的赫哲风情打动了无数参观者。触摸着高耸的图腾柱，耳闻着远处的萨满铃声，一种好奇而又敬畏的心情油然而生……

走进赫哲族风情园，一幢幢掩映在绿荫中红瓦黄墙的木屋、尖顶披着桦树皮的撮罗子、深入地下神秘幽邃的地窖子等，别具特色。这里带有赫哲风情的饮食、服饰、歌舞、体育等各种民俗特色项目吸引了一批又一批的游客。赫哲民族文化村还吸引着来自日本、韩国、俄罗斯等许多国家的游客，每年游人都在几十万人次。

↓ 婚礼广场上的婚礼

景区的指示牌

撮罗子旅店

伊玛堪艺术团舞台表演

祭拜天神

神秘的"骨卜舞"

　　在街津口民族文化村的露天舞台上，四个身穿神服的女萨满跳着"骨卜舞"，将手中所执的野兽肩胛骨作烘烤状、供奉状、检视状，时而敲击咔咔作响，显得十分神秘。赫哲族谚语说："手心直痒，有物送上；脚心直痒，有人来访。"赫哲人认为，什么事情在发生前都是有预兆的。

↑ 骨卜舞

↑ 占卜老人用兽胛骨断吉凶（1963年）

　　早年，赫哲族在万物有灵观念支配下，认为人的所有行动，都有鬼神在制约着，凡是人间的得失与成败都归于鬼神的意志。因此，赫哲人一旦有疑难事情之时，都要用野兽肩胛骨占卜，以求神灵的指点，并根据占卜工具所显示的兆纹、信号等，来判断吉凶祸福及如何采取措施。人们把神灵的启示作为自己行动的指南，"骨卜舞"就是这种信仰行为的呈现。

　　据尤秀云介绍，赫哲人的占卜种类较多，主要是骨卜，此外还有蛋卜、筷卜等。

　　骨卜　多用狍、鹿等野兽的肩胛骨为卜具。赫哲人将肩胛骨分作几个有代表性部分，烧灼点认为是所在地，凸起部分认为是陆地或山脉，平阔部分则表示江河。占卜者两手拿着肩胛骨，阔的一端向下，先做祷告，如问出猎何时归来，病什么时候好，等等。问毕，向肩胛骨吐几口唾沫，然后在火上烧烤，有的将炭火放在肩胛骨上烧灼。一会儿肩胛骨出现了龟裂的纹理，如纹理平行通顺则吉，如杂乱交错则凶。如要去狩猎或采集，若肩胛骨上的条纹由烧灼点指向陆地或山便为吉顺；如去捕鱼，肩胛骨上的条纹指向平阔处，而凸处未裂则吉顺。人们可根据神提供的信息，决定采取什么行动，并对此深信不疑。

蛋卜　用一个鸡蛋和一块光滑的木板做卜具。占卜者先祷告占卜的目的，然后将鸡蛋小头朝下往木板上立。如果立起来就说明言中了；鸡蛋立不起来，就再问，直到立起来为止。蛋卜大多问讯疾病的吉凶。

筷卜　用三支筷子，一碗水为卜具。卜者边问边立三支筷子于碗中，每一问题均由卜者自问自答。凡答准了，筷子便能立起来；没有立起来，证明还未说中，便再问，直到立起来为止。以此类推，多做几遍，便知吉凶。

槌卜　一个小木槌子，由一根绳将它吊起来，占卜者用手扯住绳头使木槌下垂，不使其摆动。然后占卜者问，看槌子是否摆动，如果木槌摆动了，表明说中了；如果不摆动，占卜者再问，直到摆动为止。

碗卜　用一个碗，其中盛半下小米，用一块红布将碗包起米，占卜者拿到手中摇三圈，然后打开布，看小米在碗里的偏坡，确定吉凶祸福。

计时与记龄

看日头计时，挂鱼头记龄。

这是赫哲人的一句谚语。

在街津口民俗村博物馆展厅中，悬挂着一个用木条做成的圆形计时日历。

赫哲人在长期的生产实践中，制作出了简单易行的计时日历。整个日历代表月亮，用木圆圈串板条做成。圆圈内有木圆块代表12个月，短木条代表日子，长木条为旬的开始，以中间最长木条为界，在界条之左，为一年中已过去的月日，界条之右为未来的月日。赫哲人记日与旬，拨一条为一日，十日为一旬。唯初一、十一、二十一等三日为每旬的开始，木条略长以示区别。记月，月大、月小看月光而定，月小初三始得见，月大初二即见。月小见月光时即拨三根木条，拨至29根为止；月大时则先拨两根木条，拨完30个为一月。如此，一年中的某月、某旬、某日，一望就知，其便利程度不亚于我们今天的日历。

赫哲人早年以削木、裂革、插草以记事。有的赫哲老人将狍子的膝盖骨串在绳子上，每过一天就拨过一个，以计算天数。

赫哲人计算年龄的方法很有趣。早

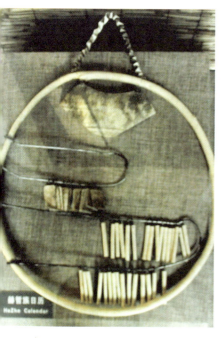

↑ 赫哲族日历

年，赫哲人记岁数以食大马哈鱼的次数来计算，例如一个人自称50岁，即吃过50次大马哈鱼。另外，还采用挂大马哈鱼头方法，每年墙上挂一鱼头，有多少大马哈鱼头就是多大年龄，当别人问起岁数时，就数鱼头以告之。

大马哈鱼属鲑鳟鱼科，是一种洄游性鱼类。由于大马哈鱼每年定期由海入江一次，因此用此法记岁，比较准确。

赫哲族历史展馆

赫哲族历史展馆，是街津口农户个人发展旅游项目的典型代表，是在莲花河畔由渔业村村民徐国创建的。

↑ 赫哲族历史展馆进门处

这个博物馆始建于1992年，是我国第一家赫哲族历史博物馆，馆内展有街津口简介和赫哲族的发展、变迁历史等文字材料，展出的实物也很丰富：在街津口当地发掘的早期人类使用的各种大小石器及石器碎片200件；早期出土的陶片50多片；早期的石刻10余件；木质神偶30余件；赫哲族传统生活用品，包括摇篮、酒

↑ 展出的石偶头、石斧等

杯、烟袋等桦皮制品，以及传统捕鱼工具鱼钩、鱼叉、剔鱼皮刀等器物30多件；船钉、船铆子、船锚等20多件渔船用具；已经灭

↑ 展出的石刻、木刻神像等

绝或近于灭绝的鱼、兽化石10多件；大量的鱼骨、兽骨制品80多件；早期鱼皮画40余幅，民族风俗画40多幅；多种赫哲族衣服、头饰、腰带等物。据介绍，氏族供奉的神偶只有天神，天神只有氏族长来供奉，不能供奉在屋中，一般供奉在院中，萨满广场供奉的就是天神偶体。赫哲族历史展馆中收藏有木质神偶多个，包括山神、房山神、龟神、大神，尺寸在50厘米至100厘米不等，收集于20世纪80年代，为民间遗存。

展馆接待过来自日本、美国、韩国、俄罗斯、新加坡等国外游客20万人左右。2017年，街津口又建成了黑龙江鱼展馆。

鱼皮工艺作坊

街津口的风景美不胜收，驰名海外的赫哲族鱼皮制品让人叹为观止。街津口赫哲人把赫哲族的原始文化与现代文化相结合，制作了许多传统工艺品，例如赫哲族的鱼皮画、鱼皮手工艺品、鱼皮服饰等。鱼皮工艺不仅给赫哲人增加了收入，还传承了民族文化，使赫哲族的文化不断地传承与发展。

位于街津口乡主干道东侧，赫哲风情园入口处有一家赫哲族手工艺品店，由孙玉林和妻子共同经营。孙玉林家里也有农田和渔船，农忙时务农，捕鱼期捕鱼，余下时间就经营手工艺品店。

　　孙玉林是街津口渔业村土生土长的赫哲族村民。从1998年开始从事鱼骨、鱼皮、桦树皮等赫哲族传统手工艺品的制作，得到了乡政府领导的关怀和支持。2004年，孙玉林参加了黑龙江省旅游商品比赛，并荣获旅游商品市场转化优秀奖。他还参加了由黑龙江省民间文艺家协会和同江市人民政府联合举办的"三江流域赫哲族首届传统工艺大赛"，并荣获鱼骨粘贴画一等奖。近几年，随着街津口旅游业的发展，孙玉林创办了这个手工艺品店，一方面可以宣传赫哲传统文化，另一方面在政府的扶持下，发展民族特色经济。

↓ 孙玉林的鱼皮工艺

具有赫哲族传统艺术特色的各种鱼皮服饰、鱼皮饰品、鱼皮贴画、鱼骨工艺品、桦树皮工艺品和木雕鱼兽、面具等，均在店内出售。所有商品都由孙玉林及其家人手工制作，做工精美。赫哲族狩猎的工具，诸如猎刀、弓箭、捕鱼渔具等需要雕刻的大件商品，都由孙玉林完成；赫哲族著名的鱼皮衣、鱼皮靰鞡、兽皮帽和其他鱼皮、兽皮的装饰品都由其妻子、女儿制作。

据孙玉林介绍，制作一件鱼皮衣服大约需要一个月。店中还出售赫哲族传统日历和口弦琴。在店里，游客也感受到赫哲族传统文化与现代文化的融合，比如店中很多的小饰品都是用鱼皮或兽皮制作而成的，如钥匙链、手机套、手机链等；还有为纪念2008年北京奥运会，用鱼皮缝制的大小不等的奥运福娃。

赫哲族文学屋

在街津口有一处充溢着书香的"赫哲族文学屋"。走进室内，在挂满鱼皮画和汉字书法的东墙边的一排玻璃柜里，摆放着赫哲族文学史、作品选本，诗集和散文集，赫哲族文化专著，获奖证书及奖杯等。当游客得知这些都是一位赫哲族乡土作家的成果时，无不为之惊叹。

赫哲族文学屋主人是孙玉民，多年来他一直致力于民族文化的整理、挖掘与研究，一直执着于民族工艺的传承与创新，被选为佳木斯市第十六届人大代表、同江市第九届政协委员；被评为佳木斯市劳动模范、黑龙江省劳动模范。

多年来的勤学与积累，让孙玉民在赫哲族文学创作上手到擒来。1997年，孙玉民在《北方文学》发表了赫哲族有史以来的第一篇小说《乌苏里船歌》，填补了赫哲族没有小说的空白，该作品荣获黑龙江省首届少数民族文学三等奖；中篇小说《你好，捕鱼的赫哲人》荣获黑龙江省第六届"黑土地杯"征文二等奖……

孙玉民创作的散文也频频获奖：《故乡的迎春花》荣获中国作家协会和黑龙江省作家协会主办的"首届当代黑龙江省散文作品评奖"佳作奖；散文《山水间摇来一个渔船上的民族》发表在《光明日报》上，并选录《2009年中国散文精选》；散文《鱼尾弹奏的琴声》刊发在《文艺报》上，并选录《新中国成立六十周年少数民族文学作品选》（散文卷），荣获黑龙江省第三届少数民族文学三等奖；散文《心愿》刊发在《人民日报》……

孙玉民的诗歌《冰上人家》荣获全国"中华得雨杯"短诗短文征文比赛优秀奖；诗集《赫哲人献你一束花》荣获黑龙江省第四届少数民族文学奖三等奖……

1987年，孙玉民被聘为黑龙江省社会科学院文学研究所"七五"期间国家社会科学重点研究项目"赫哲族文学"课题组研究员。

2008年，孙玉民加入中国作家协会，成为中国作家协会唯一的赫哲族会员。

说起文学创作，孙玉民说："是家乡人、家乡山水，家乡的一切触动着我的神经，让我想表达，想诉说，想展现，想记录，想传递，让赫哲人的生活状态被更多人知晓，让赫哲渔猎文化成为本民族的共同记忆。"

孙玉民出生在美丽的街津口赫哲族乡，赫哲人、赫哲风、赫哲情深深地浸润着他。他18岁高中毕业后参加赫哲族生产队捕鱼劳动，一边捕鱼，一边观察、体验、感受赫哲人的生活变化。1983年，他发表了处女作——散文《故乡的迎春花》，从此，他的文学创作亦迎来了春天，其作品刊发在《民族文学》《北大荒文学》《北方文学》《人民日报》《光明日报》《中国民族报》等报纸杂志上。

踏实的付出和辛勤的汗水结出的是沉甸甸的果实，他成为黑龙江省民间文艺家协会会员、黑龙江省赫哲族研究会会员，中国少数民族作家学会会员。

其实，孙玉民不仅在本民族文化研究及文学创作上取得了斐然的成绩，他在书画创作上亦有不俗表现。从小热爱美术与书法的孙玉民，曾多次参加书画大赛，并多次获奖，最令他欣喜的是其书法作品《赫哲风情》，荣获2005年全国"天鹅杯"青年书画才艺大赛银奖！2010年，他踏入了黑龙江省书法家协会的大门。

孙玉民不仅能书能画，还擅长剪贴鱼皮画工艺，他制作的赫哲族鱼皮贴画作品《快钩捕鳇》获三江流域首届传统工艺大赛鱼皮贴画一等奖，其制作的鱼皮画《赫哲人冬钓》《伊玛堪的故事》获得黑龙江省旅游商品市场转化优秀奖，其鱼皮画作品远销美国、韩国、日本等地，被中国非物质文化遗产中心研究院、北京民俗博物馆、澳门博物馆等多家收藏。

现在，孙玉民正忙着帮助当地其他赫哲族手工艺者一同创业，他们有一个共同愿望：通过大家努力，形成一个制作、输出以赫哲族传统手工艺品为主的经济实体，带动街津口赫哲族旅游商品快速发展。

参考文献

[1]　《赫哲族简史》编写组著：《赫哲族简史》，黑龙江人民出版社，1984年版。

[2]　黑龙江省《赫哲族社会历史调查》编辑组编写：《赫哲族社会历史调查》（国家民委民族问题五种丛书之一），黑龙江朝鲜民族出版社，1987年版。

[3]　尤金良（赫哲族）编著：《赫哲拾珍》，黑龙江省佳木斯市文学艺术联合会1990年内部出版。

[4]　尤志贤（赫哲族）等著：《三江赫哲》（佳木斯市文史资料第十三辑），政协佳木斯市委员会文史资料委员会1991年内部出版。

[5]　同江县志编纂委员会编：《同江县志》，上海社会科学院出版社，1993年版。

[6]　舒景祥（赫哲族）主编：《中国赫哲族》，黑龙江人民出版社，1999年版。

[7]　孙玉民（赫哲族）著：《碧绿的明冰》，中国戏剧出版社，2010年版。

后 记

　　我们在接到编纂《中国历史文化遗产抢救工程——中国历史文化名城·名镇·名村丛书》黑龙江省示范卷《中国历史文化名村·黑龙江街津口》通知之时，正在陪同中国民间文艺家协会传统民间节日调研组在街津口赫哲族渔村做"呼日堪文化节"田野考察。赫哲族渔民虔诚的祭江仪式、隆重的祈祷鼓舞、神秘的追怀灵歌，在每个人心头留下深刻的烙印。

　　撰写《中国历史文化名村·黑龙江街津口》，起码需要受过或民族学、文化学，或历史学及宗教学等学科训练，这些都是内容较为丰富的学科，非下苦功夫难以掌握。而本书的撰写，既要求作者学养精深，又要求作者知识博广。我们深切地意识到完成本书所要面临的巨大困难。

↓ 渔歌悠悠翠波流

我们深入街津口赫哲族村落，查资料、走山水、访老人，浸润在赫哲族生产方式、生活习俗、社会规范、宗教文化、民风社情、传统节日、民间艺术之中。由此感知赫哲族悠久的历史积淀，先民的活动史实，以及丰厚的文化资源。

感谢黑龙江省委宣传部、省文联对我们的信任和鼓舞，感谢中国民间文艺家协会、知识产权出版社对我们的指导和鞭策，感谢黑龙江省民协、佳木斯市文联对我们的督促和支持，感谢街津口赫哲村民对我们的热情帮助。我们深切地感受到守护和保护好每一处名村就意味着守护好我们的精神家园，这是民间文艺工作者应尽的历史责任，同时，我们更愿意成为传统村落和传统文化的守护者，成为中华优秀文化的传承者。

在《中国历史文化名村·黑龙江街津口》的撰写过程中，我们按照黑龙江历史发展的轨迹和脉络来编写，再现其历史、文化、风土人情、山川景致，以一个有文富史的形式奉献给读者，移植到世人脑际，内化为人们对黑龙江赫哲族古村落的感知。在体裁运用、篇目设置、资料选择等方面突出"特色"，拣选赫哲族古村落中最值得记述、最具有代表性的人、事、物，予以浓墨重彩地描画，图文并茂，活灵活现地展现传统、历史和记忆。

风生沃土，潮涌大江。

我们很想讲好黑龙江街津口赫哲族渔村几经沧桑、几经变迁的故事，让更多的人记得住乡愁。

这正是我们的初心和使命。

《中国历史文化名村·黑龙江街津口》编委会

2018年10月

街津山晨曦

远眺街津口

鲟鳇鱼养殖基地

街津口村口

莫日根路路牌

图书在版编目（CIP）数据

中国历史文化名村.黑龙江街津口／中国民间文艺家协会组织编写；潘鲁生，邱运华总主编.—北京：知识产权出版社，2020.1

（中国历史文化名城·名镇·名村丛书）

ISBN 978-7-5130-6565-8

Ⅰ.①中… Ⅱ.①中…②潘…③邱… Ⅲ.①乡村—概况—同江县 Ⅳ.① K928.5

中国版本图书馆 CIP 数据核字（2019）第 236776 号

责任编辑：孙　昕　　　　　　　　　　责任校对：谷　洋

书装设计：研美文化　　　　　　　　　责任印制：刘译文

中国历史文化名城·名镇·名村丛书

中国历史文化名村·黑龙江街津口

中国民间文艺家协会　组织编写

总　主　编　潘鲁生　邱运华

本卷主编　吕　品

出版发行：知识产权出版社 有限责任公司	网　　址：http://www.ipph.cn
社　　址：北京市海淀区气象路 50 号院	邮　　编：100081
责编电话：010-82000860 转 8111	责编邮箱：sunxinmlxq@126.com
发行电话：010-82000860 转 8101/8102	发行传真：010-82000893/82005070/82000270
印　　刷：天津市银博印刷集团有限公司	经　　销：各大网上书店、新华书店及相关专业书店
开　　本：720mm×1000mm　1/16	印　　张：14
版　　次：2020 年 1 月第 1 版	印　　次：2020 年 1 月第 1 次印刷
字　　数：180 千字	定　　价：80.00 元

ISBN 978-7-5130-6565-8